[Manutenção industrial: mantendo a fábrica em funcionamento]

O selo DIALÓGICA da Editora InterSaberes faz referência às publicações que privilegiam uma linguagem na qual o autor dialoga com o leitor por meio de recursos textuais e visuais, o que torna o conteúdo muito mais dinâmico. São livros que criam um ambiente de interação com o leitor – seu universo cultural, social e de elaboração de conhecimentos –, possibilitando um real processo de interlocução para que a comunicação se efetive.

[Manutenção industrial: mantendo a fábrica em funcionamento]

ROBSON SELEME

Rua Clara Vendramin, 58 · Mossunguê
CEP 81200-170 · Curitiba · PR · Brasil
Fone: (41) 2106-4170
www.intersaberes.com
editora@editoraintersaberes.com.br

Conselho editorial [Dr. Ivo José Both (presidente)

Drª Elena Godoy

Dr. Neri dos Santos

Dr. Nelson Luís Dias

Dr. Ulf Gregor Baranow]

Editora-chefe [Lindsay Azambuja]

Supervisora editorial [Ariadne Nunes Wenger]

Analista editorial [Ariel Martins]

Preparação de originais [Traços e ideias]

Capa [Roberto Querido]

Imagens da capa [Fotolia]

Projeto gráfico [Raphael Bernadelli]

Diagramação [Conduta Design]

Iconografia [Vanessa Plugiti Pereira]

Dados Internacionais de Catalogação na Publicação (CIP)
(Câmara Brasileira do Livro, SP, Brasil)

Seleme, Robson
    Manutenção industrial: mantendo a fábrica em funcionamento/Robson Seleme. Curitiba: InterSaberes, 2015. (Série Administração da Produção).

    Bibliografia.
    ISBN 978-85-443-0340-5

    1. Manutenção industrial – Administração
    2. Organizações – Administração I. Título. II. Série.

15-10369   CDD-658.202

Índices para o catálogo sistemático:
1. Manutenção industrial: Administração 658.202

1ª edição, 2015.
Foi feito o depósito legal.
Informamos que é de inteira responsabilidade do autor a emissão de conceitos.
Nenhuma parte desta publicação poderá ser reproduzida por qualquer meio ou forma sem a prévia autorização da Editora InterSaberes.
A violação dos direitos autorais é crime estabelecido na Lei n. 9.610/1998 e punido pelo art. 184 do Código Penal.

[sumário]

apresentação [7]

como aproveitar ao máximo este livro [9]

introdução [11]

1 Conceitos básicos e a função *manutenção* [15]
1.1 Manutenção e engenharia de manutenção [18]
1.2 Termos e definições aplicados à manutenção [19]
1.3 Organização da manutenção [21]
1.4 Projetando e planejando um sistema de manutenção [26]

2 Tipos de manutenção [35]
2.1 Manutenção corretiva [38]
2.2 Manutenção preventiva [42]
2.3 Manutenção preditiva [46]

3 Métodos e ferramentas que melhoram a manutenção [55]
3.1 Ferramentas para aumento da qualidade [58]
3.2 Manutenção produtiva total (MPT) [65]
3.3 Análise do modo e efeito da falha (FMEA) [73]
3.4 Manutenção centrada na confiabilidade (MCC) [84]

4 Confiabilidade, disponibilidade, mantenabilidade, efetividade [93]
4.1 Confiabilidade [96]
4.2 Disponibilidade [100]
4.3 Mantenabilidade [102]
4.4 Medindo a efetividade do equipamento [109]
4.5 Abordagem de custos na manutenção [113]

estudo de caso [123]

para concluir... [134]

referências [136]

respostas [140]

sobre o autor [143]

*Às pessoas que amo,
em especial aos meus pais, Jorge
Seleme e Otilia Bohlen Seleme,
e aos meus filhos, Alan, Karla,
Nacif, Ronan e Yhan.*

[apresentação]

As organizações, especialmente as industriais, precisam gerenciar recursos na elaboração de seus produtos e serviços. Para realizarem sua função, utilizam-se de máquinas, equipamentos, recursos materiais, recursos humanos, energia e tecnologias as mais diversas. Implementar uma indústria requer um planejamento específico com base nas necessidades de produção. Da mesma forma, manter a organização funcionando também requer planejamento, além da elaboração de estratégias, aplicação de táticas e utilização de ferramentas.

Ações de manutenção bem desenvolvidas permitem que os equipamentos sejam utilizados de forma a suprir adequadamente as necessidades organizacionais, sem quebras ou paradas não programadas. Além disso, a manutenção das operações produtivas tem a finalidade de elevar o nível de produtividade com custo e qualidade desejados. Para que essas condições sejam atendidas e as indústrias produzam conforme o planejado, é necessário o desenvolvimento de pessoal capacitado. O estudo proporcionado por este livro apresenta uma estrutura que lhe permitirá compreender os preceitos da manutenção e sua importância para a indústria e os setores que se utilizam dos recursos produtivos.

O livro está dividido em quatro capítulos – cada um deles trata de um conjunto de assuntos que possibilitará uma adequada compreensão dos sistemas de manutenção nas organizações. O Capítulo 1 tem o objetivo de introduzir você nos conceitos da área em questão, de modo a lhe apresentar a base da função *manutenção* e os termos técnicos que não são comumente utilizados. Nesta parte da obra, são apresentadas as características básicas da organização do setor, bem como os cuidados com os itens básicos necessários para o projeto e o planejamento de um sistema de manutenção.

O Capítulo 2 é reservado aos tipos de manutenção idealizados, representados pelas manutenções corretiva, preventiva e preditiva, e às etapas para a implementação de cada um desses procedimentos. Também destacamos a caracterização dos tempos de manutenção considerados pelas organizações e pelas normas brasileiras relacionadas e suas variações. Neste ponto do texto são tratados, ainda, os conceitos básicos de prevenção e recuperação de falhas.

O Capítulo 3 centra-se na apresentação de ferramentas e métodos que dão suporte à função *manutenção* de forma mais efetiva. Aqui são apresentadas a manutenção produtiva total (MPT), a análise do modo e efeito da falha (FMEA) e as características da manutenção centrada na confiabilidade (MCC).

Complementando o capítulo, são oferecidas algumas ferramentas utilizadas para o aumento da qualidade nos sistemas de manutenção.

Finalmente, o Capítulo 4 apresenta as características e os índices dos fatores que mais impactam a manutenção – a confiabilidade, a disponibilidade e a mantenabilidade –, bem como os indicadores que dão origem ao cálculo da efetividade de equipamentos.

Ao final de cada capítulo, são dispostos alguns exercícios resolvidos, além de questões para revisão dos conteúdos apresentados e questões para reflexão, com o objetivo de auxiliar você no entendimento dos conteúdos ora apresentados. Na seção "Para saber mais" foram incluídas sugestões de leitura que auxiliam no desenvolvimento do tema e no aprofundamento do conteúdo trabalhado neste livro. Ao final do material, é apresentado um estudo de caso correlacionado ao conjunto dos assuntos abordados nos capítulos. Com isso, esperamos que você possa ter melhor compreensão dos processos de manutenção utilizados pelas organizações para a perfeita utilização dos métodos e equipamentos.

O autor

[como aproveitar ao máximo este livro]

Este livro traz alguns recursos que visam enriquecer o seu aprendizado, facilitar a compreensão dos conteúdos e tornar a leitura mais dinâmica. São ferramentas projetadas de acordo com a natureza dos temas que vamos examinar. Veja, a seguir, como esses recursos se encontram distribuídos no projeto gráfico da obra.

- *Conteúdos do capítulo*
  Logo na abertura do capítulo, você fica conhecendo os conteúdos que serão abordados.

- *Após o estudo deste capítulo, você será capaz de:*
  Você também é informado a respeito das competências que irá desenvolver e dos conhecimentos que irá adquirir com o estudo do capítulo.

- *Síntese*
  Você dispõe, ao final do capítulo, de uma síntese que traz os principais conceitos nele abordados.

- *Para saber mais*
  Você pode consultar as obras indicadas nesta seção para aprofundar sua aprendizagem.

- *Exercícios resolvidos*
Nesta seção a proposta é acompanhar passo a passo a resolução de alguns problemas mais complexos que envolvem o assunto do capítulo.

- *Questões para revisão*
Com estas atividades, você tem a possibilidade de rever os principais conceitos analisados. Ao final do livro, o autor disponibiliza as respostas às questões, a fim de que você possa verificar como está sua aprendizagem.

- *Questões para reflexão*
Nesta seção, a proposta é levá-lo a refletir criticamente sobre alguns assuntos e trocar ideias e experiências com seus pares.

- *Estudo de caso*
Esta seção traz ao seu conhecimento situações que vão aproximar os conteúdos estudados de sua prática profissional.

[introdução]

Todas as organizações que produzem bens e realizam serviços precisam, de uma forma geral, realizar manutenções para garantir sua qualidade. As manutenções podem se referir a processos, ferramentas, equipamentos de todos os portes e quantidades, indo desde a manutenção de uma balança em uma loja de alimentos à manutenção de aeronaves. A importância desse procedimento é inegável do ponto de vista da organização e essencial na garantia da qualidade fornecida ao cliente.

Equipamentos bem ajustados consomem quantidades menores de recursos, apresentam menos desgaste em sua operação, rendem uma taxa de produtividade que pode ser planejada e demandam reinvestimentos menos frequentes. Qualquer um desses itens, por si só, já justificaria a necessidade de que as organizações, juntamente com seu processo produtivo, planejassem os processos de manutenção, terceirizados ou não.

O Documento Nacional 2011: Situação da Manutenção no Brasil, da Associação Brasileira de Manutenção e Gestão de Ativos – Abraman (2013), reflete pesquisa bianual sobre a situação da manutenção no país. A última pesquisa foi realizada em empresas de 20 setores, destacando-se, entre eles, os seguintes ramos: industrial, de prestação de serviço (mão de obra – MO), petrolífero, automotivo, metalúrgico e o de energia elétrica, que representaram 55% dos respondentes.

Dentre as análises realizadas pela Abraman (2013), uma delas diz respeito à forma de atuação da manutenção, caracterizando-a como *centralizada*, *descentralizada* ou *mista*. O Gráfico 1 apresenta o desempenho comparativo de cada uma dessas categorias.

Gráfico 1 – Percentual empresas versus centralização, descentralização

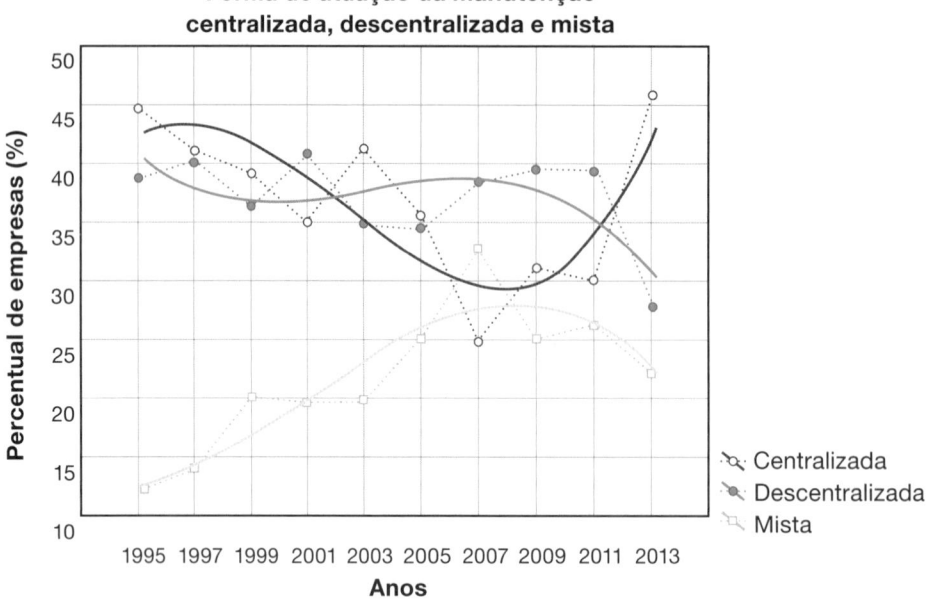

Fonte: Abraman, 2013, p. 3.

A tendência para os anos seguintes ao de 2013 é de redução na manutenção descentralizada e mista e concentração na manutenção centralizada, que cresceu de 31,72%, em 2011, para 47,30%, em 2013, indicando uma concentração nas decisões e competências necessárias à gestão dos processos relativos à manutenção.

Os níveis hierárquicos para a tomada de decisões se encontram sob responsabilidade das gerências, com 54,36%, e das diretorias/superintendências, com 44%, caracterizando o nível de tratamento do assunto *manutenção* nas organizações como estratégico para as operações.

Do pessoal aplicado nos sistemas de manutenção das empresas pesquisadas, o volume chega a 25,48% do total da força de trabalho. Ao analisarmos as qualificações, percebemos que as proporções pouco se alteraram na última década, tendo a seguinte distribuição: a) 6,76% para pessoal de nível superior; b) 15,48% para pessoal de nível técnico; c) 39,85% para pessoal qualificado; e o restante para pessoal não qualificado ou não classificado, indicando que aproximadamente 62% da força de trabalho é qualificada no setor. Relevante também é o registro de que se situa em 3,83% a rotatividade anual de pessoal, crescente no setor na última década – em 2003, era de 2,32%.

As empresas pesquisadas indicam uma tendência em utilizar mais serviços de terceiros em detrimento de seu próprio serviço; somente 13,42% delas admitem a redução de contratação de manutenção de terceiros. Para aquelas que contratam os serviços de terceiros, as avaliações se situam entre "muito bom" e "bom" para 59,19% dos respondentes, e os critérios de avaliação mais utilizados correspondem a preço, tecnologia, qualidade, experiência e prazo, destacando-se entre esses fatores o preço e a qualidade como critérios mais impactantes.

Outro fato marcante é a forma como as organizações destinam seus recursos nos diversos tipos de manutenção. Ao analisarmos os serviços de manutenção pelo total dos serviços executados, verificamos que, em 2013, a manutenção preventiva foi aquela na qual se aplicou maior volume de recursos, representando 36,55%, seguida da manutenção corretiva, com 30,86%, e da manutenção preditiva, com 18,82%. O perfil dos dados tem permanecido estável, não indicando mudanças significativas na última década.

Assim, além de conhecer os sistemas de manutenção, devemos considerar a possibilidade estratégica de sua utilização por meio da aplicação dos métodos e técnicas exigidos para a garantia da qualidade, os quais apresentamos a partir daqui para que se possa avaliar e projetar adequadamente os meios e recursos aplicáveis.

1 Conceitos básicos e a função *manutenção*

Conteúdos do capítulo
- *Conceito de manutenção industrial.*
- *Termos e definições sobre manutenção.*
- *Organização da manutenção.*
- *Projeto e planejamento de um sistema de manutenção.*

Após o estudo deste capítulo, você será capaz de:
1. *compreender os conceitos de* manutenção industrial;
2. *identificar e relacionar os termos e as definições sobre manutenção;*
3. *identificar os modelos de organização da manutenção;*
4. *avaliar as características de projeto e planejamento da produção.*

O objetivo deste capítulo é fornecer a você o conhecimento básico necessário para a compreensão dos sistemas de manutenção, considerando preliminarmente os conceitos básicos da área e as finalidades da realização de uma adequada manutenção nos ativos das organizações. Preliminarmente, introduzimos o tema, evidenciando a importância da manutenção e indicando seu impacto relativo nessas organizações, além de apresentarmos um vocabulário específico, que é fundamental para a compreensão do assunto. Também estabelecemos parâmetros para organizar a função *manutenção*, considerando características específicas, suas necessidades, responsabilidades, políticas e seus benefícios.

1.1 Manutenção e engenharia de manutenção

Podemos imaginar que a manutenção já era praticada muito antes da Revolução Industrial; entretanto, é com ela que os processos se consolidam e geram a necessidade de que os equipamentos e as ferramentas de engenharia sejam objeto de consertos e reparos; enfim, de **manutenção**. Desse ponto em diante, a engenharia tem um novo campo e um grande desafio.

Apesar dos progressos impressionantes feitos na manutenção de equipamentos de uma forma eficaz, a manutenção de equipamentos e sistemas ainda é um desafio em razão de diversos fatores. Entre eles, temos: tamanho, custo, complexidade, qualidade e, atualmente, concorrência. As práticas de manutenção de hoje são orientadas para o mercado, ou seja, para o atendimento à fabricação de produtos e serviços a um custo menor.

O esforço das organizações em manter seus processos produtivos ativos consome uma grande quantidade de recursos humanos e financeiros. De acordo com a Associação Brasileira de Manutenção e Gestão de Ativos – Abraman (2013), é gasto no Brasil, pelas empresas em manutenção, aproximadamente 4,69% do Produto Interno Bruto (PIB) nacional, o que correspondeu a R$ 206,5 bilhões no ano de 2013 (IBGE, 2014).

Quanto à etimologia, a palavra *manutenção* tem sua origem no latim *manus*, que significa "mão", e *tentione*, "ato de segurar", significados que, combinados, dão origem a *ato de manter* (Michaelis, 2000). Assim, podemos considerar que a manutenção industrial é o ato de manter as operações industriais funcionando. Analogamente, a partir do século XIV, combinou-se com a palavra *manutenção* o significado do termo *engenheiro*, como aquele que é capaz de criar e de aplicar conhecimentos científicos à invenção, ao aperfeiçoamento ou à utilização da técnica industrial. Podemos, portanto, considerar a **engenharia de manutenção** a fonte do desenvolvimento e da criação de procedimentos de manutenção utilizando-se das mais modernas técnicas.

Apesar de a engenharia de manutenção e a manutenção vislumbrarem o mesmo objetivo final, que é manter equipamentos/sistemas de operação disponíveis para obtenção de um produto a um custo mínimo, os ambientes de estudo e ação diferem significativamente. Mais especificamente, a engenharia de manutenção é uma função analítica, planejada e metódica. Em contrapartida, a manutenção é uma função realizada normalmente em circunstâncias adversas e de estresse, tendo como seu principal objetivo restaurar no menor tempo possível o estado de disponibilidade exigido do equipamento.

1.2 Termos e definições aplicados à manutenção

Os termos que enumeramos a seguir são fundamentais para a compreensão do leitor desta obra. Com o objetivo de uniformizar, a maioria das definições utilizadas é apresentada pela NBR 5462 (ABNT, 1994), entretanto outros termos integram também o glossário geral.

- **Manutenção**: combinação de todas as ações técnicas e administrativas, incluindo as de supervisão, destinadas a manter ou recolocar um item em um estado no qual possa desempenhar uma função requerida.

- **Engenharia de manutenção**: atividade de manutenção de equipamentos/itens que pressupõe o desenvolvimento de conceitos, critérios e requisitos técnicos nas fases conceituais e de aquisição, devendo o resultado ser utilizado e mantido durante a fase operacional, assegurando o apoio à manutenção eficaz dos equipamentos.

- **Manutenção preventiva**: manutenção efetuada em intervalos predeterminados ou de acordo com critérios prescritos, destinada a reduzir a probabilidade de falha ou a degradação de funcionamento de um item. As ações são realizadas por medidas de precaução para evitar ou diminuir a probabilidade de falhas ou um nível inaceitável de degradação em serviço, em vez de corrigi-los depois que eles ocorrem.

- **Manutenção corretiva**: manutenção efetuada após a ocorrência de uma pane e destinada a recolocar um item em condições de executar uma função requerida.

- **Manutenção controlada/preditiva**: manutenção que permite garantir uma qualidade de serviço desejada, com base na aplicação sistemática de técnicas de análise, utilizando-se de meios de supervisão centralizados ou de amostragem, para reduzir ao mínimo a manutenção preventiva e diminuir a manutenção corretiva. Utiliza-se de métodos de medição modernos e de processamento de sinais para diagnosticar com precisão as condições dos itens/equipamentos durante operação.

- **Plano de manutenção**: documento no qual são descritos a gestão e o procedimento técnico a ser empregado para manter um item; geralmente descreve instalações, ferramentas, cronogramas e recursos, estipulando práticas específicas, recursos e atividades necessárias para garantir que um item atenderá aos requisitos exigidos por determinado projeto ou contrato.

- **Confiabilidade**: capacidade de um item desempenhar satisfatoriamente uma função requerida sob condições especificadas durante dado intervalo de tempo. O termo *confiabilidade* é usado como uma medida de desempenho de confiabilidade.
- **Mantenabilidade**: capacidade de um item ser mantido ou recolocado em condições de executar suas funções requeridas, sob condições de uso especificadas quando a manutenção é executada sob parâmetros determinados e mediante procedimentos e meios prescritos. O termo *mantenabilidade* é usado como uma medida do desempenho de mantenabilidade.
- **Disponibilidade**: capacidade de um item estar em condições de executar certa função em dado instante ou durante um intervalo de tempo determinado, levando-se em conta os aspectos combinados de sua confiabilidade, mantenabilidade e suporte de manutenção, supondo que os recursos externos requeridos estejam assegurados. O termo *disponibilidade* é usado como uma medida do desempenho de disponibilidade.
- **Tempo de reparo**: corresponde à parte do tempo de manutenção corretiva durante a qual são executadas as ações de reparo em um item.
- **Revisão**: trata-se da inspeção completa e restauração de um item ou uma peça de equipamento para um nível aceitável a um tempo de durabilidade ou limite de utilização.
- **Qualidade**: é a capacidade de um sistema produzir um item, função ou processo em que satisfaz requerimentos de cliente e usuário.
- **Pessoal da manutenção**: indivíduo que realiza manutenção preventiva, responde à chamada de serviço de um usuário para um reparo e executa a manutenção corretiva em um item. Também chamado de *engenheiro de manutenção, técnico de manutenção, técnico, mecânico* etc.
- **Inspeção**: observação qualitativa do desempenho de um item ou condição.

As atividades de manutenção implicaram, no decorrer dos anos, uma linguagem própria de seus operadores. Essa linguagem deve ser compreendida e assimilada por você para o total aproveitamento e uso do conteúdo desta obra, bem como de outras que contêm termos muito próximos e com os mesmos significados.

1.3 Organização da manutenção

Antigamente, a manutenção era vista como um mal necessário às atividades da organização, já que as máquinas se desgastavam e quebravam. Por conta disso, o pessoal da manutenção era chamado somente para consertar o equipamento quebrado e, por isso, apresentava sempre uma posição inferior na organização (normalmente, abaixo do gerente de produção). Hoje essa concepção mudou e surgiram outros tipos de organização do setor.

Entre os vários tipos de organização do setor de manutenção, existem basicamente dois que podem resultar em sua combinação, dando origem a um terceiro:

1. manutenção centralizada;
2. manutenção descentralizada;
3. manutenção híbrida.

Figura 1.1 – Tipos de organização do setor de manutenção

O grau de centralização ou descentralização depende do modelo de organização e dos produtos elaborados, bem como do porte da empresa. Organizações muito grandes, com diversos locais de trabalho, necessitam de uma manutenção descentralizada. No entanto, há organizações em que o sistema produtivo gera um produto em um sistema contínuo de fornecimento. Como exemplo, podemos citar a usina siderúrgica, que, apesar de ter serviços diversos, necessita de um único centro de manutenção. Normalmente, a centralização é mais utilizada em empresas de pequeno e médio porte, nas quais seus funcionários atendem às diversas necessidades de manutenção (Nepomuceno, 1989, p. 28).

A decisão de organizar a manutenção de uma forma híbrida, centralizada ou descentralizada depende da filosofia adotada pela organização, que traduz o esforço exigido pela necessidade de manutenção, tais como o tamanho da planta*,

* O termo *planta*, utilizado neste livro, refere-se às instalações industriais produtivas.

as habilidades dos funcionários, a quantidade de máquinas e equipamentos, entre outros detalhes.

Algumas **vantagens da centralização**:

- Fornece mais flexibilidade e melhora a utilização de recursos, tais como funcionários altamente qualificados e equipamentos especiais; portanto, resulta em mais eficiência.
- Permite a supervisão da linha de forma mais eficiente.
- Permite a formação profissional com melhores resultados.
- Permite a aquisição de equipamentos modernos.

Desvantagens da centralização:

- Tarefas que exigem habilidades especiais consomem mais tempo de deslocamento da função organização.
- Supervisão de tarefas que necessitam de conhecimentos especiais se torna mais difícil e, como tal, menor é o controle da manutenção.
- Menor desenvolvimento de funcionários em diferentes tecnologias.
- Maiores custos de transporte em razão da distância dos locais dos trabalhos de manutenção.

Em uma organização de **manutenção descentralizada**, os serviços são atribuídos a áreas ou unidades específicas, escolha que implica uma redução na flexibilidade do sistema de manutenção. A quantidade de habilidades disponíveis torna-se reduzida, e a utilização de recursos humanos geralmente é menos eficiente do que em uma manutenção centralizada. Em alguns casos, o ideal é uma solução que combine a centralização e a descentralização.

O **tipo híbrido** é chamado de *sistema em cascata*. Esse sistema organiza a manutenção em áreas considerando a capacidade de cada uma, nunca atribuindo tarefas excessivas a uma área e procurando encaminhar as necessidades especiais para uma unidade centralizada. Dessa forma, as vantagens dos dois sistemas podem ser colhidas.

1.3.1 Manutenção terceirizada

Muitos equipamentos e dispositivos industriais exigem um alto investimento de pessoal e equipamentos para uma adequada manutenção. Independentemente do tamanho da instalação industrial, esta não comporta e não consegue manter máquinas, pessoal e dispositivos ocupados durante um tempo razoável. Com isso, é alto o número de horas ociosas, problema que causa forte impacto no custo dos produtos. Nesse caso, a instalação deverá contratar serviços externos, com nível de atendimento satisfatório e a um custo razoável, principalmente porque serão executados por equipes altamente especializadas, constituídas por pessoal habilitado, treinado e qualificado (Nepomuceno, 1989, p. 33).

É bastante comum a contratação de empresas externas em caso de execução de ensaios, testes não destrutivos e serviços especiais. Existem empresas e grupos que realizam única e exclusivamente esses tipos de serviços; além disso, uma instalação industrial raramente apresenta porte a ponto de justificar o investimento em pessoal e instrumentos especiais para a execução de trabalhos que ocuparão tanto o pessoal quanto o equipamento.

As mesmas considerações valem para vários empreendimentos que prestam serviços ao parque industrial mediante contratos. Existem empresas especializadas na conservação de caldeiras e turbinas, na manutenção de equipamentos químicos e petroquímicos e no levantamento de níveis de ruído e vibrações, com o objetivo de atenuar esses problemas.

Nesse nível de gestão, devem ser consideradas as fontes para a construção das competências necessárias à realização da manutenção. As principais opções disponíveis são o desenvolvimento da manutenção *in house* e a terceirização da manutenção, ou mesmo uma combinação de ambos. Os critérios para seleção de fontes para a aquisição e atualização das competências de manutenção incluem considerações estratégicas, fatores tecnológicos e econômicos. A seguir, apresentamos critérios que podem ser empregados para a escolha entre a manutenção *in house* e a manutenção terceirizada:

- disponibilidade e confiabilidade da fonte de manutenção em uma base de longo prazo;
- capacidade da fonte para alcançar os objetivos fixados para a manutenção por parte da organização e sua capacidade de realizar as tarefas de manutenção;
- custos a curto e a longo prazo;
- sigilo organizacional;
- impacto de longo prazo sobre a experiência pessoal de manutenção;
- acordos especiais com organismos ou regulamentos que estabelecem determinadas especificações para a manutenção e as emissões ambientais.

As tarefas de manutenção podem ser terceirizadas quando:

- o trabalho de manutenção exige a habilidade de especialistas que estão facilmente disponíveis no mercado em regime de concorrência, por exemplo, no caso de reparos em ar-condicionado, sistemas de incêndio, manutenção de computadores;
- é mais barato do que contratar sua própria equipe e o acesso a profissionais terceirizados é fácil a curto prazo.

Os critérios apresentados permitem aos gestores a melhoria da tomada de decisão em relação ao estabelecimento dos critérios para a adoção de uma manutenção centralizada ou descentralizada, realizada por terceiros ou pela própria organização.

1.3.2 Responsabilidades da manutenção

Na organização, existem muitas responsabilidades a serem cumpridas pelos setores de manutenção. De acordo com Nepomuceno (1989, p. 31), para preservar o sistema produtivo, a manutenção tem a responsabilidade de:

- planejar em conjunto com a produção, visando estabelecer um programa coerente de manutenção e reparos;
- conservar toda a instalação em condições tão perfeitas quanto possível, com minimização dos custos;
- executar e controlar os reparos e consertos eventuais e emergenciais no menor prazo possível;
- obedecer aos intervalos de conservação rotineira, como lubrificação, limpezas, ajustes etc., para que as interrupções na produção sejam mantidas no menor tempo possível;
- manter reuniões constantes com os encarregados da produção para diagnosticar os principais problemas e trocar informações com a produção;
- verificar o porquê de algumas máquinas ou equipamentos apresentarem índice elevado de interrupções, com o objetivo de eliminar as causas do aparecimento dos defeitos;
- auxiliar, sempre que possível, o Departamento de Produção no que diz respeito aos operadores de máquinas e equipamentos, com o intuito de instruí-los a manusear adequadamente os equipamentos que lhes são confiados;

- executar treinamentos, quando necessários, para o grupo de funcionários da produção a fim de informar quais procedimentos emergenciais podem ser utilizados.

Com o passar dos anos, as responsabilidades da manutenção evoluíram para integrar parcialmente a gestão de ativos organizacionais, assunto que pode ser encontrado na norma NBR ISO 55000 (ABNT, 2014).

1.4 Projetando e planejando um sistema de manutenção

Ao projetarmos um sistema de manutenção, é preciso termos em mente que as alterações nos ambientes de trabalho ocorrem rapidamente e que o sistema precisa adaptar-se com a mesma velocidade quanto a novas exigências. Um sistema, para ser eficiente e atender às necessidades, não pode ser de complexidade elevada, sob pena de não conseguir essa adequação; assim, deve ser simplificado ao máximo. Deve apresentar elementos de extrema confiabilidade – uma vez que recursos são escassos – e fazer parte de um todo no processo produtivo. Cada elemento, tais como máquinas, ferramentas, pessoal etc., precisa ser especializado, para que atenda com objetividade às necessidades de produção fazendo parte integrante do todo.

A determinação dos objetivos do sistema de manutenção deve ser direcionada aos objetivos principais da empresa, ou seja, não deve ser considerada como um meio em si, mas como parte de todo o sistema.

Nos sistemas mais avançados, a manutenção depende das variações de tecnologia e processos empregados no sistema produtivo. Segundo Takahashi e Osada (1993, p. 155-156), são necessárias análises de itens, conforme apresentamos a seguir, no planejamento da manutenção:

- Características do produto: matéria-prima, produtos semiacabados, características físicas, químicas e econômicas dos produtos acabados;
- Modalidade de produção: processamento, fabricação e montagem, processamento contínuo, número de turnos;
- Características do equipamento: extensão da automação e modernidade do equipamento, velocidade da depreciação estrutural e funcional, grau de depreciação;
- Condições geográficas: condições do ambiente empresarial, extensão de concentração ou de dispersão;
- Tamanho da fábrica: seus sistemas de abastecimento e fornecimento de energia e água;

- Composição e formação dos recursos humanos: nível de conhecimento técnico, níveis de gerenciamento, relações humanas;
- Extensão da subcontratação: facilidade ou dificuldade no uso da capacidade de subcontratação.

1.4.1 Benefícios da manutenção

É no momento em que um equipamento para de funcionar por um desgaste em suas peças ou por uma falha no sistema, ou, ainda, por aquecimento a ponto de comprometer o sistema produtivo que nós percebemos as utilidades da manutenção, pois existem as vantagens diversas que justificam sua realização tanto nas instalações como nos equipamentos industriais. Esses benefícios, de acordo com Slack, Chambers e Johnston (2002, p. 635), são:

- **Melhoria na confiabilidade**: redução do tempo perdido com reparos das instalações; menos interrupção das atividades normais de produção, menor variação da vazão de saída e níveis de serviço mais confiáveis; em resumo, o equipamento raramente se quebra ou se desajusta.

- **Melhoria de segurança**: instalações bem mantidas têm maior probabilidade de se comportar de forma previsível e padronizada, assim como de apresentar menos riscos de falhas e de acidentes de trabalho. Por exemplo: ao realizar medições periódicas de funcionamento de um compressor, a tendência é que essa máquina não apresente problemas de pressão, que poriam em risco o pessoal da fábrica.

- **Aumento na qualidade**: equipamentos mantidos inadequadamente têm uma maior probabilidade de desempenho abaixo do padrão e podem causar problemas de qualidade.

- **Redução dos custos de operação**: elementos de tecnologia de processo são eficientes quando recebem manutenção regularmente.

- **Maior tempo de vida útil**: cuidado regular, limpeza ou lubrificação prolongam a vida efetiva das instalações, reduzindo problemas de operação.

- **Valorização**: instalações bem mantidas são geralmente mais fáceis de vender no mercado de segunda mão.

Para organizarmos um sistema de manutenção, devemos avaliar, também, as melhorias nos sistemas e equipamentos, as quais podem ser obtidas pela manutenção.

1.4.2 Planejamento e gerenciamento da manutenção

Podemos planejar e gerenciar a manutenção industrial de acordo com algumas formas utilizadas pela maioria das empresas que resolvem estabelecer um plano de produção. Dentro desse processo de escolha, podemos considerar a manutenção de máquinas e equipamentos, bem como a manutenção das instalações e edifícios prediais. Ambas têm um impacto muito forte nas atividades da organização quando apresentam falhas e podem ser resumidas em: "correção, manutenção preventiva, manutenção preditiva, manutenção produtiva total, manutenção predial" (Slack; Chambers; Johnston, 2002, p. 636).

Para o planejamento, podemos, com base em um dos modelos ou na combinação deles, de acordo com suas características e potenciais, estabelecer planos e estratégias para a execução da manutenção da organização. Os modelos serão vistos mais detalhadamente no próximo capítulo.

1.4.3 Políticas de manutenção

As organizações podem adotar qualquer um dos modelos de manutenção citados anteriormente – correção, manutenção preventiva, preditiva, produtiva total, predial. Para algumas delas, podem ser adotadas políticas específicas de manutenção. Entre elas, podemos considerar, conforme indicam Martins e Laugeni (2005, p. 239):

- **Redundância de equipamentos**: utilização da reserva de equipamentos considerados críticos no sistema produtivo.
- **Treinamento de operadores**: treinamento de operadores preconizado na manutenção produtiva total para a realização de pequenas e específicas manutenções nos equipamentos.
- **Equipamentos em maior número**: aumento do número de equipamentos no processo produtivo que leva à subutilização destes.
- **Projeto robusto**: uso de equipamentos capazes de suportar sobrecargas de trabalho com um mínimo esforço.
- **Tamanho das equipes de manutenção**: equipes de manutenção suficientes para poder atender a ocorrências simultâneas.
- **Mantenabilidade**: compra de equipamentos que se caracterizem pela facilidade de manutenção.

- **Postura preventiva**: estabelecimento e implantação de um programa de manutenção preventiva em todos os níveis.
- **Maior estoque de peças sobressalentes**: atendimento imediato na reposição de peças danificadas.

O gestor deve sempre analisar e equilibrar os benefícios de cada forma de manutenção aos interesses de sua organização. Um exemplo dessa análise pode indicar que a implementação da manutenção produtiva total se mostre muito onerosa para a organização, em detrimento da manutenção preventiva baseada em controles predeterminados.

1.4.4 Políticas de pessoal na manutenção

Atualmente, os empregadores buscam não somente selecionar pessoal adequado e capacitado para desenvolver as atividades de manutenção como também prover condições de crescimento desses funcionários. Para isso, promovem e fornecem cursos e benefícios para a educação e formação contínuas dos colaboradores, de modo a aumentar a capacidade individual e permitir, por meio de um plano de cargos e salários, que os novos funcionários possam ascender na carreira para cargos de supervisão e gerentes seniores. Para os funcionários mais antigos, a promoção de cursos de reciclagem deve compreender seminários específicos sobre seu trabalho permitindo o desenvolvimento de novas ideias por meio de modelos de discussão.

Para a organização, quanto mais educação técnica é proporcionada, melhores são os resultados. Os funcionários devem ser encorajados a desenvolver suas competências além das fronteiras da organização e tirar proveito dos modelos de planos de cargos e salários, melhorando sua proficiência e obtendo perspectivas de promoção.

A organização deve ter um **programa de treinamento** bem definido para cada colaborador. A seguir são fornecidas diretrizes para desenvolvimento e avaliação da eficácia do programa de treinamento:
- avaliar o desempenho pessoal no desempenho da atividade;
- avaliar as necessidades de treinamento;
- projetar o programa de treinamento;
- implementar o programa;
- avaliar a eficácia do programa.

A avaliação pode ser feita por meio de um programa de certificação ou de treinamento do funcionário, avaliando-o na capacidade de atingir o desempenho desejado comparativamente a pessoas que já tenham um programa de treinamento específico.

Há algumas outras características que são essenciais para o sucesso de qualquer setor da organização, como o trabalho integrado e em equipe. Uma vez que o setor de manutenção provê suporte aos setores produtivos da organização, é fundamental que a integração entre as políticas de produção e de manutenção seja equilibrada e consistente. Além disso, a implantação de um programa que considere a atuação de líderes tem se mostrado muito eficiente em áreas nas quais os graus de hierarquia não são significativos.

■ Síntese

Neste capítulo, apresentamos, inicialmente, a função *manutenção*, caracterizando-a e indicando sua importância relativa não só para a organização como um todo, mas também considerando o seu impacto particular nos sistemas produtivos. Levamos em conta a compreensão de termos e definições específicos utilizados no vocabulário do setor. Termos como *confiabilidade*, *mantenabilidade*, *manutenção*, *engenharia de manutenção* foram elucidados e fundamentados. Além disso, apresentamos a forma de organização da manutenção englobando a execução das operações, caracterizando-as como *centralizadas* ou *descentralizadas*, não deixando de abordar a terceirização, tão fartamente discutida. Definidas as responsabilidades da função, abordamos as características necessárias para o projeto e o planejamento do sistema de manutenção. Discutimos itens como políticas de manutenção e de pessoal vinculados à manutenção, bem como os benefícios auferidos por um planejado sistema de manutenção.

■ Para saber mais

ABNT – Associação Brasileira de Normas Técnicas. **NBR 5462**: confiabilidade e mantenabilidade. Rio de Janeiro: ABNT, 1994.

Para saber mais sobre os assuntos deste primeiro capítulo, você poderá consultar a norma da ABNT que versa sobre a confiabilidade e mantenabilidade. Nela, você encontrará outros diversos termos ligados à manutenção.

Exercícios resolvidos

1. As organizações devem estruturar o setor de manutenção a fim de manter os seus equipamentos e sistemas em funcionamento. Quais são as formas de organização do setor de manutenção?

    Resposta: O setor de manutenção pode ser organizado de forma **centralizada**, em que a manutenção realizada nos equipamentos e sistemas é feita por um grupo exclusivo e com competências especiais; **descentralizada**, que, por ser mais ágil, é a opção de grandes organizações; e **híbrida**, representando uma combinação de ambas as anteriores.

2. O que é manutenção *in house*? Em que ela difere da manutenção terceirizada? Quando cada uma deve ser utilizada?

    Resposta: A manutenção *in house* é aquela desenvolvida e realizada pela própria organização com recursos e pessoal próprios. Deve ser utilizada quando a organização pode, com vantagens técnicas e de custos, manter o sistema ou quando não há competências exigidas no mercado. A *manutenção terceirizada*, como o próprio nome diz, representa a contratação de organização para esse fim e deve ser utilizada quando existem especialistas que estão facilmente disponíveis no mercado em regime de concorrência, quando for mais barato do que contratar sua própria equipe, e quando o acesso for tais especialistas é fácil a curto prazo de tempo.

3. A organização deve ter um programa de treinamento bem definido para cada funcionário. Indique quais são as diretrizes para desenvolvimento e avaliação da eficácia em um programa de treinamento para o pessoal de manutenção.

    Resposta: As diretrizes são: 1) avaliar o desempenho pessoal no desenvolvimento da atividade; 2) avaliar as necessidades de treinamento; 3) projetar o programa de treinamento; 4) implementar o programa; 5) avaliar a eficácia do programa.

4. Relacione a primeira coluna, que contém as políticas de manutenção, com a segunda coluna, que apresenta seus respectivos significados:

   a. Redundância de equipamentos
   b. Projeto robusto
   c. Mantenabilidade
   d. Treinamento de operadores
   e. Equipamentos em maior número

   (   ) Utilização da reserva de equipamentos considerados críticos no sistema produtivo.
   (   ) Treinamento de operadores preconizado na manutenção produtiva total para a realização de pequenas e específicas manutenções nos equipamentos.
   (   ) Uso de equipamentos capazes de suportar sobrecargas de trabalho com um mínimo esforço.
   (   ) Aumento do número de equipamentos no processo produtivo, levando à subutilização desses itens.
   (   ) Compra de equipamentos que se caracterizem pela facilidade de manutenção.

   Resposta: a, d, b, e, c.

5. Considerando o significado equivalente, relacione a primeira coluna com a segunda:

   a. Confiabilidade
   b. Mantenabilidade
   c. Disponibilidade
   d. Qualidade
   e. Inspeção

   (   ) Observação qualitativa do desempenho de um item ou condição.
   (   ) Capacidade de um item estar em condições de executar uma certa função em dado instante ou durante um intervalo de tempo determinado.
   (   ) Capacidade de um item ser mantido ou recolocado em condições de executar suas funções requeridas, sob condições de uso especificadas.
   (   ) Capacidade de um item desempenhar uma função requerida sob condições especificadas, durante dado intervalo de tempo.
   (   ) Capacidade de um sistema produzir um item, função ou processo em que satisfaz requerimentos de cliente e usuário.

   Resposta: e, c, b, a, d.

■ Questões para revisão

1. Qual a finalidade básica da manutenção? Em que a manutenção difere da engenharia de manutenção?

2. Indique pelo menos três benefícios proporcionados pelo setor de manutenção que caracterizem sua importância organizacional.

3. Na organização, existem muitas responsabilidades que devem ser cumpridas pelos setores de manutenção. Assinale a seguir a alternativa que **não** se enquadra como responsabilidade da manutenção:

    a. Conservar toda a instalação em condições tão perfeitas quanto possível, com minimização dos custos.
    b. Executar e controlar os reparos e consertos eventuais e emergenciais no menor prazo possível.
    c. Obedecer aos intervalos de conservação rotineira, como lubrificação, limpeza, ajustes etc., para que as interrupções na produção sejam mantidas no menor tempo possível.
    d. Realizar a contratação de pessoal destinado ao setor de manutenção, definindo suas características.
    e. Manter reuniões constantes com os encarregados da produção para diagnosticar os principais problemas e trocar informações com a produção.

4. Relacione a primeira coluna, que contém os itens de planejamento da manutenção, com as características de cada item da segunda coluna:

    a. Composição e formação de recursos humanos
    b. Tamanho da fábrica
    c. Extensão da terceirização
    d. Características do equipamento
    e. Condições geográficas

    ( ) Facilidade ou dificuldade no uso da capacidade de subcontratação.
    ( ) Extensão da automação e modernidade, velocidade da depreciação estrutural e funcional, grau de depreciação.
    ( ) Condições do ambiente empresarial, extensão de concentração ou de dispersão.
    ( ) Nível de conhecimento técnico, níveis de gerenciamento, relações humanas.
    ( ) Sistemas de abastecimento e fornecimento de energia e água.

5. Assinale a seguir a(s) alternativa(s) que **não** corresponde(m) ao seu significado:
   a. Engenharia de manutenção: atividade de manutenção de equipamentos/itens que consiste no desenvolvimento de conceitos, critérios e requisitos técnicos nas fases conceituais e de aquisição.
   b. Manutenção preventiva: manutenção efetuada em intervalos predeterminados, ou de acordo com critérios prescritos, destinada a reduzir a probabilidade de falha ou a degradação de funcionamento de um item.
   c. Manutenção corretiva: manutenção efetuada durante a ocorrência de uma pane e destinada a recolocar um item em condições de executar uma função requerida.
   d. Manutenção preditiva: manutenção que permite garantir uma qualidade de serviço desejada, com base na aplicação sistemática de técnicas de análise, utilizando-se de meios de supervisão centralizados ou de amostragem.
   e. Manutenção controlada: manutenção efetuada após a ocorrência de uma pane e destinada a recolocar um item em condições de executar uma função requerida, sob supervisão.

■ Questões para reflexão

1. Qual é a importância que você atribui à manutenção para as organizações? Faça uma comparação com sua residência e reflita sobre as condições em que ela ficará se não forem realizadas manutenções corretivas ou periódicas (troca de lâmpadas, limpeza etc.).

2. Você acredita que a manutenção como setor/área da organização irá se extinguir, sendo substituída por sensores e equipamentos mais sofisticados que não tenham necessidade de manutenção? Justifique sua reflexão.

3. Atualmente, muitos produtos são projetados para terem uma durabilidade reduzida e não permitirem a realização de manutenção que restaurem suas condições originais. Você acredita que esses produtos têm qualidade baixa? Para considerar sua resposta, reflita também sobre o desenvolvimento tecnológico desses produtos.

2 Tipos de manutenção

Conteúdos do capítulo
- *Características da manutenção corretiva.*
- *Manutenção corretiva planejada e não planejada.*
- *Características da manutenção preventiva.*
- *Características da manutenção preditiva.*

Após o estudo deste capítulo, você será capaz de:
1. compreender a natureza das manutenções corretiva, preventiva e preditiva;
2. identificar os modos da realização de cada manutenção;
3. reconhecer as etapas das manutenções corretiva, preventiva e preditiva;
4. reconhecer os tempos considerados em cada manutenção.

Neste capítulo, apresentamos os elementos necessários à compreensão da realização das manutenções corretiva, preventiva e preditiva, permitindo a você avaliar os benefícios e os modos de operação da manutenção. Nesta parte do texto, você terá condições de identificar as diferenças encontradas na literatura sobre manutenção corretiva planejada e não planejada. Além disso, verificará como os tempos de manutenção e suas nomenclaturas são tratados para a avaliação de seu desempenho, bem como terá condições de identificar os elementos mais relevantes desse processo.

2.1 Manutenção corretiva

Também chamada de *manutenção emergencial*, a manutenção corretiva ocorre quando deixamos os equipamentos, máquinas e instalações operarem até se quebrarem para, depois, realizarmos somente o trabalho de correção da falha ocorrida. Existem muitas empresas que administram a manutenção dessa forma. Por recorrerem a serviços de terceirização, têm suas atividades dirigidas exclusivamente para a correção do parque fabril.

Apesar de todo o esforço que é feito para manter os sistemas de engenharia tão confiáveis quanto possível, por meio de seu projeto (manutenção preventiva), eles ainda podem falhar independentemente de sua programação, obrigando que se realize a manutenção de forma rápida e, muitas vezes, no local de operação. Assim, a manutenção corretiva é aquela efetuada após a ocorrência de uma pane e é destinada a recolocar um item em condições de executar uma função requerida (ABNT, 1994).

Geralmente, a manutenção corretiva é uma ação de **manutenção não programada**, que ocorre em situações imprevisíveis. Por isso, não pode ser pré-planejada ou programada em função do tempo. A ação exigida do setor de manutenção é urgente, portanto, a equipe responsável deve estar preparada para a realização desse procedimento, seja com pessoal, seja com itens de manutenção e substituição, que devem estar armazenados no estoque da organização. As ações exigidas podem se caracterizar por correção das anomalias detectadas durante a operação do equipamento ou a utilização do item, e por realização de ações de correção devido a incidentes ou acidentes.

2.1.1 Modos de realizar a manutenção corretiva

A manutenção corretiva pode ser classificada em cinco categorias principais, representadas por: falha de reparação, recuperação, reconstrução, revisão e manutenção. Segue a apresentação das categorias (Dhillon, 2002):

1. **Falha total-reparo**: o item não é restaurado ao seu estado operacional, obrigando a equipe de manutenção a fazer a substituição.
2. **Recuperação**: esse elemento de manutenção corretiva consiste na eliminação de material que não pode ser reparado e na utilização de material reaproveitado de equipamentos que não puderam ser recuperados.

3. **Reconstrução**: a manutenção corretiva concentra-se na reconstrução de um item que possa ter um desempenho mais próximo possível ao seu estado original, visando à expectativa de vida e à aparência desse item. É realizada por meio da desmontagem completa do equipamento, do exame de todos os componentes e da reparação e substituição de peças desgastadas por outras com especificações originais.

4. **Revisão**: pressupõe a restauração de um item ao seu estado original, pelo atendimento às normas, à facilidade de manutenção, utilizando-se de inspeção e reparos como especificado.

5. **Manutenção**: a manutenção pode ser necessária por causa da ação da manutenção corretiva nos itens anteriormente apresentados. Por exemplo: na reparação de um torno CNC, pode ser necessário realizar a manutenção convencional, tal como troca de fluidos, substituição de peças gastas não comprometidas, limpeza, entre outros procedimentos.

2.1.2 Manutenção corretiva planejada e não planejada

Kardec e Nascif (2013) apresentam outra classificação para a estruturação da manutenção corretiva, separando-a em:

- **Manutenção corretiva não planejada**: caracteriza-se pela correção da falha que acontece de maneira imprevisível, aleatória, considerada correção emergencial.

- **Manutenção corretiva planejada**: caracteriza-se pela atuação no equipamento antes de a falha ocorrer, com base em um controle preditivo, ou seja, sabendo-se que a falha irá ocorrer em função do monitoramento de dispositivos de controle de desempenho do sistema.

A situação da manutenção corretiva planejada pode ser exemplificada com a utilização de uma furadeira de bancada onde existe o controle do desgaste do eixo. Essa furadeira é controlada pelas vibrações proporcionadas pelo equipamento em trabalho. Assim, a correção do sistema poderá se dar em função da quantidade de vibrações aceitáveis no eixo da furadeira, permitindo a programação dos elementos de desgaste antes que a falha geral (quebra do equipamento) aconteça.

2.1.3 Etapas e tempos da manutenção corretiva

De forma simplificada, o processo de manutenção corretiva pode ser representado pela realização de cinco passos que devem ser executados de maneira ordenada:

1. **Identificação da falha**: a identificação da falha é um dos passos mais importantes do processo de manutenção corretiva. Quando um equipamento ou item falha, percebemos que o equipamento não mais produz e, assim, o efeito causado pela falha, e não a real falha.

2. **Localização da falha**: a identificação do local de ocorrência da falha enseja uma análise do sistema com relação ao desempenho. Devem-se verificar as condições de acesso ao local da falha.

3. **Diagnóstico**: o diagnóstico realizado com base nos sintomas e nas características da falha servirá para indicar a extensão, o tipo de falha e qual dos modos de correção deve ser empregado para corrigi-la.

4. **Correção**: à reparação é reservado o desempenho da equipe de manutenção com a utilização de peças, ferramentas e métodos adequados. É a compreensão de que os preceitos da manutenção corretiva devem ser atendidos.

5. **Verificação**: antes de colocar o sistema em operação, a manutenção deve efetuar verificações, testes para validar os serviços realizados e para verificar se o sistema operará conforme condições originais.

Os principais componentes de tempo de manutenção corretiva são: o tempo de manutenção corretiva efetiva, o tempo administrativo e logístico e os atrasos. O tempo de manutenção corretiva efetiva é composto pelos seguintes subcomponentes:

- tempo de preparação;
- tempo de localização de falhas;
- tempo de obtenção do item de reposição;
- tempo de correção de falhas;
- tempo de ajuste e calibração;
- tempo de liberação.

A NBR 5462 (ABNT, 1994) apresenta um diagrama dos tempos, indicando a relação de dependência entre os diversos tempos considerados. A figura a seguir apresenta os tempos relacionados à manutenção de uma forma geral, incluindo a realização dos diversos modos de manutenção.

Figura 2.1 – Diagrama dos tempos

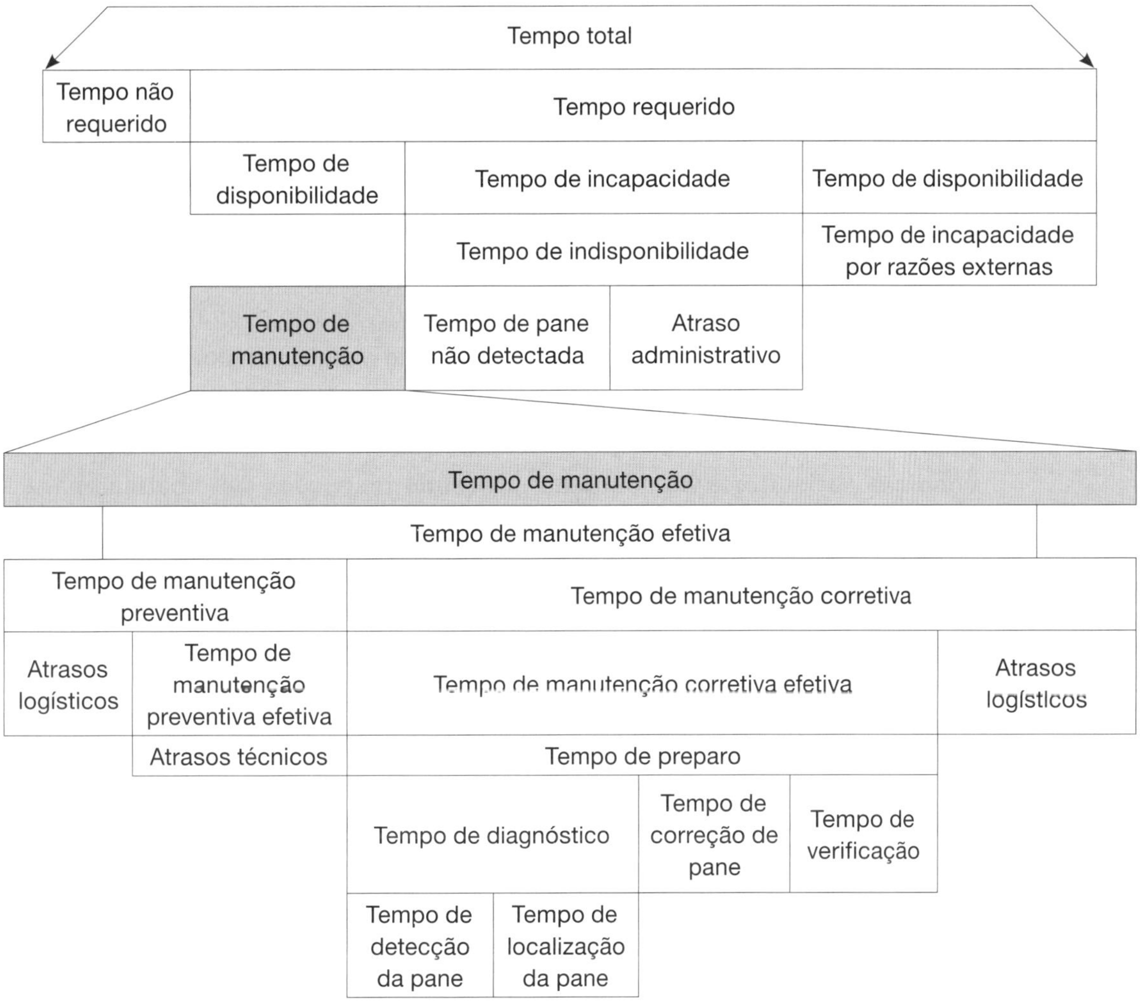

Tempo total				
Tempo não requerido	Tempo requerido			
	Tempo de disponibilidade	Tempo de incapacidade	Tempo de disponibilidade	
		Tempo de indisponibilidade	Tempo de incapacidade por razões externas	
	Tempo de manutenção	Tempo de pane não detectada	Atraso administrativo	

Tempo de manutenção						
Tempo de manutenção efetiva						
Tempo de manutenção preventiva		Tempo de manutenção corretiva				
Atrasos logísticos	Tempo de manutenção preventiva efetiva	Tempo de manutenção corretiva efetiva				Atrasos logísticos
	Atrasos técnicos	Tempo de preparo				
		Tempo de diagnóstico		Tempo de correção de pane	Tempo de verificação	
		Tempo de detecção da pane	Tempo de localização da pane			

Fonte: Adaptado de ABNT, 1994, p. 9.

2.2 Manutenção preventiva

Esse tipo de manutenção visa eliminar ou reduzir as probabilidades de falhas por manutenção, por meio de atividades preventivas, tais como: limpeza; lubrificação; substituição e verificação de equipamentos, peças e/ou máquinas; instalações em períodos predeterminados, normalmente de acordo com as instruções do fabricante disponíveis em manuais de operação e manutenção.

A manutenção preventiva pode ser descrita como o cuidado que é realizado pelo pessoal da manutenção para manter equipamentos e instalações em uma condição satisfatória de operação, prevendo inspeções sistemáticas para a detecção e correção de falhas incipientes, antes de sua ocorrência ou do seu agravamento em grande escala. Alguns dos principais objetivos da manutenção preventiva são: aumentar a vida produtiva dos bens de capital, reduzir a quebra de equipamentos críticos, permitir um melhor planejamento e agendamento de trabalhos de manutenção, minimizar as perdas de produção em razão de equipamentos defeituosos e promover a saúde e segurança do pessoal de manutenção.

De tempos em tempos, programas de manutenção preventiva acabam em fracasso (ou seja, perdem apoio da gerência superior), pois, ou o seu custo é injustificável, ou o setor demora muito tempo para mostrar resultados. O princípio mais importante para manter o apoio à gestão contínua é: "Se não vai poupar dinheiro, então não faça isso!" (Dhillon, 2002, p. 55).

A manutenção preventiva tem algumas vantagens, tais como:

- aumento da vida útil dos equipamentos;
- redução de custos, mesmo que a curto prazo;
- diminuição das interrupções do fluxo produtivo;
- criação de uma mentalidade preventiva na empresa;
- permissão da programação em horários mais convenientes para a organização;
- melhora da qualidade dos produtos, por manter as condições operacionais dos equipamentos.

Podemos realizar a manutenção preventiva em um carro, por exemplo, após um número predeterminado de quilômetros percorridos e de acordo com o especificado pelo fabricante, executando a troca do óleo e de outros elementos, quando vencida a data da ocorrência. O seguinte gráfico descreve o modelo de custos da manutenção preventiva e a abordagem utilizada.

Gráfico 2.1 – Custos associados à manutenção preventiva

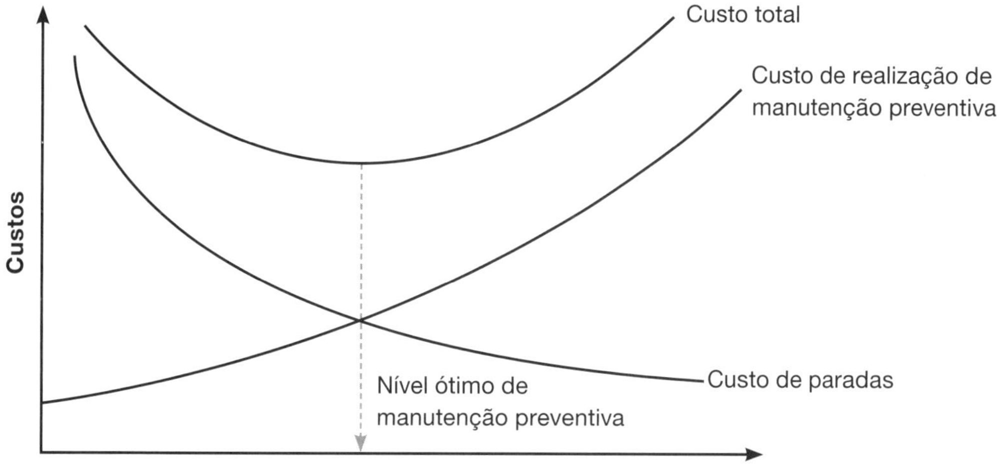

Fonte: Slack; Chambers; Johnston, 2002, p. 638.

Podemos observar que existe um nível ótimo para a realização da manutenção preventiva, no qual equilibramos os custos da realização da manutenção com o custo das paradas. A intersecção indica, portanto, o menor custo total.

2.2.1 Modos de realizar a manutenção preventiva

As ações a serem realizadas periodicamente na manutenção preventiva são listadas a seguir:

- **Inspeção**: inspecionar materiais/itens para determinar sua qualidade e necessidade de manutenção, comparando suas características físicas, hidráulicas, elétricas, mecânicas etc., e, conforme o caso, confrontando-as com os padrões esperados.
- **Manutenção**: realizar a limpeza e a lubrificação do(s) equipamento(s), instruindo para os cuidados periódicos necessários com os itens e/ou materiais, para evitar a ocorrência de pequenas falhas.
- **Calibração**: determinar o valor de características de um item por comparação com um padrão. Consiste na comparação de dois instrumentos, em que um é padrão e certificado com precisão conhecida, servindo para detectar e ajustar qualquer discrepância na precisão do material ou parâmetro em comparação com o valor-padrão estabelecido.

- **Testes**: testar ou verificar itens para determinar necessidades de manutenção e detectar degradação de sistemas.
- **Alinhamento**: fazer alterações em elementos com variáveis especificadas de um item com a finalidade de alcançar o desempenho ideal.
- **Regulagem**: ajustar elementos de acordo com as especificações do equipamento, com o objetivo de alcançar o melhor desempenho do sistema.
- **Instalação**: substituir os itens de vida limitada, cujo ciclo de tempo acusa desgaste ou degradação, para manter o sistema especificado dentro das tolerâncias exigidas.

Devemos considerar que a manutenção preventiva se caracteriza pela necessidade de identificar os parâmetros pelos quais os fabricantes consideram a vida útil do item e, a partir daí, controlar o tempo e verificar as ocorrências quando elas se apresentam.

2.2.2 Etapas para elaboração do plano de manutenção preventiva

Para desenvolver um programa de manutenção preventiva eficaz, é necessária a disponibilidade de uma série de informações. Algumas dessas informações e procedimentos incluem registros históricos e precisos do equipamento, recomendações do fabricante, pessoal qualificado, dados anteriores para equipamentos semelhantes, manuais dos equipamentos, identificação única de todos os equipamentos, instrumentos e ferramentas de testes apropriados, apoio da gerência e cooperação do usuário, informações sobre falha por tipo de problema, causa ou ação, consumo de componentes e instruções específicas por escrito para compor uma lista de verificação (Dhillon, 2002).

Os passos para o desenvolvimento de um **programa de manutenção preventiva** definem basicamente as necessidades organizacionais. Apresentamos, a seguir, seis passos para o estabelecimento de um programa de manutenção preventiva eficaz:

1. **Identificar e escolher as áreas**: identificação e seleção de uma ou duas importantes áreas para concentrar o esforço inicial de manutenção preventiva. Essas áreas devem ser cruciais para o sucesso das operações globais da planta e podem estar experimentando um alto grau de ações de manutenção. O objetivo principal dessa etapa é o de alcançar resultados imediatos em áreas altamente visíveis, obtendo o apoio da gerência superior.

2. **Identificar as necessidades de manutenção preventiva**: definição dos requisitos de manutenção preventiva. Em seguida, tem-se o estabelecimento de um cronograma para tarefas de dois tipos: inspeções diárias e ações periódicas. As inspeções diárias da manutenção preventiva podem ser realizadas por qualquer integrante da manutenção ou pessoal capaz da produção. Um exemplo de uma inspeção diária é a verificação da concentração de sólidos sedimentáveis na água. Já quanto às ações periódicas, podemos ter a realização da troca de óleo de um equipamento com base em instruções do fabricante.

3. **Estabelecer a frequência das ações**: análise da condição do equipamento e dos registros. Normalmente, a base para estabelecer a frequência é a experiência dos que estão familiarizados com o equipamento, pelas recomendações dos fabricantes e da engenharia. Deve ser lembrado que as recomendações do fornecedor são geralmente baseadas no uso típico de itens considerados.

4. **Preparar as ações de manutenção preventiva**: tarefas diárias e periódicas são identificadas e descritas em detalhes e, em seguida, submetidas à aprovação dos supervisores.

5. **Agendar as ações de manutenção preventiva em base anual**: as definições da manutenção preventiva são programadas com base em um período de doze meses.

6. **Expandir o programa de manutenção preventiva, se necessário**: após a implementação das inspeções diárias e tarefas periódicas nas áreas inicialmente selecionadas, a manutenção preventiva pode ser expandida para outras áreas. A experiência adquirida com projetos-piloto dos planos de manutenção preventiva é fundamental para a expansão do programa.

2.3 Manutenção preditiva

A manutenção preditiva tem o objetivo de realizar a manutenção somente quando as instalações necessitarem dela. Consiste em monitorar certos parâmetros de equipamentos por meio de dispositivos que permitem estabelecer o momento certo para a realização da manutenção (Slack; Chambers; Johnston, 2002, p. 636).

Os dispositivos podem monitorar tanto a vibração do mancal (peça cilíndrica central) do motor e avaliar o desgaste – solicitando a manutenção para a troca ou ajuste evitando a quebra ou a manutenção preventiva – como também a espessura do corte da guilhotina, avaliando o seu desgaste para a troca no momento certo.

Entretanto, a manutenção preditiva é muito mais que só o monitoramento: é o meio de melhorar a produtividade, a qualidade do produto e a eficiência geral da fabricação e das plantas de produção. Vai além do monitoramento de vibrações, da análise de uma imagem térmica ou ensaios de viscosidade do óleo ou qualquer uma das outras técnicas, dos ensaios não destrutivos.

O desenvolvimento cada vez mais rápido das tecnologias relativas aos sensores e dispositivos de leitura, bem como o aumento da produção desses dispositivos, tornando-os mais baratos em função de sua redução de custos, tem permitido que uma maior quantidade de organizações escolha a manutenção preditiva em seus processos mais críticos dentro de suas plantas de produção.

A manutenção preditiva é um programa orientado por condição (do equipamento, do sistema etc.). Em vez de depender das estatísticas do ciclo médio de vida (ou seja, o tempo médio para falha) para o agendamento das ações da manutenção, essa categoria de manutenção utiliza monitoramento direto da condição do equipamento, da eficiência do sistema e de outros indicadores para determinar o significado real do tempo até ocorrer a falha ou a perda de eficiência de cada equipamento ou do sistema na planta de produção.

2.3.1 Implementação da manutenção preditiva

Muitos dos programas de manutenção preditiva que foram implementados não conseguiram gerar benefícios mensuráveis. O motivo não se restringe a falhas causadas pela limitação da tecnologia, mas pela incapacidade dos gestores de realizarem as mudanças no local de trabalho, o que permitiria o máximo aproveitamento. As medidas listadas a seguir devem ser implementadas para tentar maximizar os benefícios da implementação, bem como eliminar restrições:

- **Mudança cultural**: a primeira mudança que deve ocorrer é a da percepção de que tecnologias preditivas são, exclusivamente, uma ferramenta de gestão de manutenção ou de prevenção de avarias. Essa mudança deve ocorrer no nível corporativo e permear toda a planta da organização. Pode parecer uma tarefa simples, mas mudar a atitude das empresas a respeito da manutenção preditiva é difícil em função do desconhecimento dos gestores.

- **Uso adequado das tecnologias preditivas**: a simples identificação de problemas individuais não garante que a manutenção realizada torne ótimo o sistema. Quando os diagnósticos estão limitados a componentes individuais, os problemas do sistema podem não ser detectados nem corrigidos. O sistema, e não os indicadores de componentes individuais, é que geram capacidade, receita e lucro; portanto, tem de ser o foco principal da análise.

- **Mais do que uma manutenção eficaz**: os requisitos de desempenho da planta sao, basicamente, os mesmos para pequenas e grandes instalações. Embora existam algumas diferenças radicais, os requisitos fundamentais são iguais para ambos. Antes de explorarmos as diferenças, precisamos entender esses requisitos nas seguintes áreas: motivação do pessoal, vendas e *marketing*, produção, aquisição, gestão da informação e outras funções da planta, para integrar as necessidades da manutenção.

- **Adesão pelas pequenas plantas**: todas as plantas devem aderir aos princípios discutidos, mas as pequenas centrais enfrentam restrições exclusivas. Seu tamanho impede investimentos substanciais em pessoal, ferramentas e treinamento, que são essenciais para a gestão eficaz ou para o apoio à melhoria contínua.

- **Custos nas grandes plantas**: geralmente, nas grandes plantas existem diversos programas que vão em direção à melhoria do desempenho. Entretanto, o excesso de programas destinados a obter resultados similares pode comprometer muitos recursos organizacionais sem a real necessidade. Uma integração dos processos, nesse caso, é essencial para não sobrecarregar os funcionários e os sistemas.

Na implantação, os requisitos funcionais variam de acordo com o tamanho e a complexidade da instalação, da empresa ou corporação; no entanto, os requisitos mínimos devem ser cumpridos independentemente das variáveis. Esses requisitos são: apoio da gerência superior, funcionários dedicados e responsáveis, procedimentos de coleta e análise de dados eficientes e um banco de dados viável.

2.3.1.1 Apoio da gerência superior

Na implantação da manutenção preditiva, durante os primeiros 12 meses, a maioria dos programas identifica numerosos problemas em máquinas e sistemas. Os relatórios e as recomendações para ações corretivas, gerados pelo grupo de manutenção preditiva, causam um grande impacto na organização. Entre 12 e 18 meses, a maioria dos graves problemas das plantas é resolvida e há pouca necessidade de ações corretivas. Sem uma clara compreensão desse ciclo normal e sem os meios de quantificar os resultados do programa de manutenção preditiva, a gestão superior poderá concluir que o programa não está fornecendo benefícios suficientes para justificar o investimento contínuo em recursos humanos.

2.3.1.2 Funcionários dedicados e responsáveis

Programas bem-sucedidos são construídos em torno de uma equipe de manutenção preditiva em tempo integral. Algumas dessas equipes podem abranger diversas plantas; no entanto, programas de sucesso têm uma equipe dedicada que pode concentrar toda a sua atenção na consecução dos objetivos estabelecidos. A prestação de contas do grupo de manutenção preditiva é outro fator crítico; se as medidas de eficácia do programa não são estabelecidas, os gestores não terão como avaliar se os objetivos do programa de manutenção estão sendo atingidos.

2.3.1.3 Procedimentos de coleta e análise de dados eficientes

O programa de manutenção deve ser criado para concentrar os esforços nas áreas que irão fornecer o máximo de resultados. A utilização de sistemas de manutenção preditiva e de computadores melhora consideravelmente as funções de coleta de dados e de gestão necessárias para um programa bem-sucedido, bem como fornece a análise eficiente de dados. No entanto, os procedimentos que definem os métodos, o cronograma e outros parâmetros de aquisição de dados, bem como a análise e geração de relatórios, também devem ser incluídos na definição do programa.

2.3.1.4 Banco de dados viável

O desenvolvimento ou a parametrização de um banco de dados eficiente e viável demanda muito esforço do pessoal de programação, bem como do pessoal de manutenção para integrar os registros necessários às análises indispensáveis da manutenção preditiva. Essas análises se baseiam em dados reais colhidos diretamente do sistema produtivo. Portanto, problemas na coleta, na guarda ou no tratamento inadequado pode comprometer a atuação da manutenção.

2.3.2 Etapas da manutenção preditiva

Um programa de manutenção preditiva eficaz deve incluir tanto a manutenção orientada pela condição do equipamento quanto as tarefas orientadas pelo tempo. Essas tarefas são determinadas em função do equipamento e de sistemas específicos que constituem a planta. No mínimo, cada planta deve avaliar:

- dados das falhas;
- melhorias na confiabilidade do equipamento;
- promoção da melhoria do processo;
- previsão de falhas, que podem ser:
    - de manutenção;
    - de pessoal;
    - de equipes de serviços.

Além dos elementos apresentados no item anterior, as etapas para a implementação da manutenção preditiva consideram a realização de um plano detalhado, indicando, especificamente, os objetivos a serem alcançados, as necessidades de recursos financeiros, técnicos e de pessoal. Como *necessidades de pessoal*, considera-se: as de contratação, de treinamento nas técnicas de manutenção e no tratamento das informações geradas.

As necessidades técnicas são relativas à escolha dos equipamentos e dispositivos de controle e leitura necessários. Estes devem ser escolhidos em função do estabelecimento das condições críticas de controle dos equipamentos e sistemas. De posse das informações técnicas e de pessoal, é possível dimensionar a necessidade de recursos financeiros e o prazo de implementação.

■ Síntese

Neste capítulo, vimos inicialmente as características consideradas para a manutenção corretiva ou emergencial. Demonstramos que qualquer sistema é passível de falhas imprevisíveis, mesmo aqueles mais robustamente projetados, e que a manutenção corretiva tem de estar disponível a qualquer tempo para a correção da falha. Demonstramos que a manutenção corretiva pode ser realizada de algumas formas e, entre elas, explicamos a falha total-reparo, a reconstrução, a revisão e a efetiva manutenção. Também apresentamos outras classificações, denominadas *manutenção corretiva planejada* e *não planejada*, propostas por autores da área. Levando em conta o tempo como um critério de desempenho essencial à manutenção, consideramos a estrutura de tempos apresentada pela norma: nela se encontram as denominações consideradas para o tempo. Na sequência, apresentamos a manutenção preventiva, que é considerada a mais comum das manutenções por trazer para a organização os melhores resultados. Entretanto, vimos que tais resultados devem ser exaustivamente justificados, apesar dos benefícios apresentados e de seu contraponto com os custos de paradas do sistema de produção. Da mesma forma, expusemos os modos de manutenção representados pelos procedimentos de inspeção, manutenção, calibração, teste, alinhamento, regulagem e instalação, bem como os passos para o desenvolvimento da manutenção preventiva. Finalizando, apresentamos a manutenção preditiva, que considera o monitoramento em conjunto com os elementos de análise para sua implementação.

■ Para saber mais

ABRAMAN – Associação Brasileira de Manutenção e Gestão de Ativos. Disponível em: <http://www.abraman.org.br/sidebar/bibliotecas-e-publicacoes/apostilas-artigos-boletins-e-trabalhos-tecnicos>. Acesso em: 12 jul. 2015.

No site da Associação Brasileira de Manutenção e Gestão de Ativos (Abraman), você pode verificar boletins, trabalhos técnicos, artigos e publicações referentes à manutenção:

Exercícios resolvidos

1. Caracterize a manutenção corretiva e indique por que ela é importante para as organizações.

    Resposta: A manutenção corretiva é efetuada após a ocorrência de uma pane e destinada a recolocar um item em condições de executar uma função requerida. Sua importância está no fato de que tem como sua maior prioridade restabelecer as condições de trabalho, evitando a parada da fábrica.

2. Caracterize a manutenção preditiva e indique por que ela é importante para as organizações.

   Resposta: A manutenção preditiva objetiva realizar a manutenção somente quando as instalações necessitarem dela. Consiste em monitorar certos parâmetros de equipamentos por meio de dispositivos que permitem estabelecer o momento certo para a realização da manutenção. Sua importância se deve ao fato de que, em equipamentos críticos de alto desempenho, a parada representa uma grande perda organizacional. Portanto, se o sistema está monitorado, somente o paramos quando é efetivamente necessário.

3. Quais são as diferenças entre a manutenção corretiva não planejada e a manutenção corretiva planejada?

   Resposta: A manutenção corretiva não planejada se caracteriza pela correção da falha que acontece de maneira imprevisível, aleatória; já a manutenção corretiva planejada se caracteriza pela atuação no equipamento antes de a falha ocorrer, com base em um controle preditivo.

4. Assinale a seguir a(s) alternativa(s) que **não** corresponde(m) ao seu significado nos passos compreendidos para a realização da manutenção corretiva:
   a. A identificação da falha é o primeiro e um dos passos mais importantes do processo de manutenção corretiva.
   b. Partindo-se da identificação da falha, identificar o local de ocorrência da falha enseja uma análise do sistema com relação ao desempenho.
   c. O diagnóstico realizado com base na previsão da falha e das características da falha servirá para indicar a extensão, o tipo de falha e qual dos modos de correção deve ser empregado para corrigi-la.
   d. À reparação é reservado o desempenho da equipe de manutenção com a utilização de peças, ferramentas e métodos adequados. É a compreensão de que os preceitos da manutenção corretiva devem ser atendidos.
   e. Antes de colocar o sistema em operação, a manutenção deve efetuar verificações, testes para validar os serviços realizados e para verificar se o sistema operará conforme condições originais.

   Resposta: Alternativa c.

5. Os modos de se realizar a manutenção preventiva devem ser relacionados com o seu significado. Relacione a primeira coluna com a segunda, considerando o significado equivalente:

a. Inspeção
b. Calibração
c. Regulagem
d. Instalação
e. Testes

( ) Substituir os itens de vida limitada que, em seu ciclo de tempo, acusam desgaste ou degradação, para manter o sistema especificado dentro das tolerâncias exigidas.

( ) Verificar para determinar necessidades de manutenção e detectar degradação de sistemas.

( ) Determinar a qualidade dos itens e a necessidade de manutenção, comparando suas características físicas, hidráulicas, elétricas, mecânicas etc., e, conforme o caso, confrontando-as com os padrões esperados.

( ) Determinar o valor de características de um item por comparação com um padrão.

( ) Ajustar elementos de acordo com as especificações do equipamento, com o objetivo de alcançar o melhor desempenho do sistema.

Resposta: d, e, a, b, c.

■ Questões para revisão ─────────────────

1. Caracterize a manutenção preventiva e indique por que ela é importante para as organizações.

2. Qual é a combinação dos tempos que compõem o tempo de manutenção corretiva?

3. Com relação à manutenção corretiva, ela pode ser classificada em cinco categorias principais. Relacione a primeira coluna com a segunda, considerando o significado equivalente:

   a. Falha total-reparo
   b. Recuperação
   c. Reconstrução
   d. Revisão
   e. Manutenção

   (   ) Pode ser necessária por causa da ação da manutenção corretiva.
   (   ) Restaura um item ao seu estado original, pelo atendimento às normas e à facilidade de manutenção, utilizando-se de inspeção e reparos como especificado.
   (   ) Pressupõe a reconstrução de um item que possa ter um desempenho mais próximo possível ao seu estado original, visando ao aumento de expectativa de vida e melhoria da aparência desse item.
   (   ) Está preocupado com a eliminação de material que não pode ser reparado e com a utilização de material reaproveitado de equipamentos que não puderam ser recuperados.
   (   ) O item não é restaurado ao seu estado operacional, obrigando a equipe de manutenção a fazer sua substituição.

4. Assinale a seguir a(s) alternativa(s) que **não** corresponde(m) às vantagens da manutenção preventiva:

   a. Modo mais adequado para atuar em equipamentos críticos.
   b. Redução de custos, mesmo que a curto prazo.
   c. Maior velocidade de reparo na falha ocorrida.
   d. Criação de uma mentalidade preventiva na empresa.
   e. Programação em horários mais convenientes para a organização.

5. Assinale a seguir a(s) alternativa(s) que **não** corresponde(m) aos itens de implementação da manutenção preditiva:

   a. Mudança cultural: a primeira mudança que deve ocorrer é a da percepção de que tecnologias preditivas são, exclusivamente, uma ferramenta de gestão de manutenção ou de prevenção de avarias.
   b. Uso adequado das tecnologias preventivas: a simples identificação de problemas individuais não garante que a manutenção realizada torne ótimo o sistema.

c. Mais do que uma manutenção eficaz: os requisitos de desempenho da planta são, basicamente, os mesmos para pequenas e grandes instalações.
d. Adesão pelas pequenas plantas: todas as plantas devem aderir aos princípios preditivos, mas as pequenas centrais enfrentam restrições exclusivas.
e. Custos nas grandes plantas: geralmente, nas grandes plantas existem diversos programas que vão em direção à melhoria do desempenho. Uma integração dos processos é essencial para não sobrecarregar os funcionários e os sistemas.

■ Questões para reflexão

1. As empresas devem escolher somente um modelo de manutenção? Se você tivesse que escolher uma combinação em pares, qual você escolheria para um ambiente de produção industrial mecânica? Justifique sua escolha.

2. Se adotarmos somente o modelo de manutenção corretiva, a organização terá condições de prosperar. Em que condições você imagina que essa opção é possível? Não deixe de considerar as condições de mercado.

3. Reflita sobre quais tipos de falhas podem surgir quando você adquire e utiliza uma geladeira, e como poderá classificá-las de acordo com os tipos de manutenção.

3 Métodos e ferramentas que melhoram a manutenção

Conteúdos do capítulo
- *Ferramentas básicas para qualidade em manutenção.*
- *Manutenção produtiva total (MPT).*
- *Análise do modo e efeito da falha (FMEA).*
- *Manutenção centrada na confiabilidade (MCC).*

Após o estudo deste capítulo, você será capaz de:
1. *aplicar ferramentas básicas para a melhoria da qualidade em serviços de manutenção;*
2. *conhecer a MPT e identificar seus fundamentos para implementação;*
3. *conhecer a FMEA e identificar seus fundamentos para realização;*
4. *conhecer a MCC e identificar seus princípios e etapas da análise.*

Neste capítulo, apresentamos a você novas metodologias e filosofias de trabalho que permitem a melhoria e evolução do desempenho por parte do profissional da manutenção. Demonstramos que a manutenção produtiva total (MPT), a análise do modo e efeito da falha (FMEA*) e a manutenção centrada na confiabilidade (MCC**) são métodos que utilizam as mais diversas ferramentas em sua execução. Apresentamos algumas dessas ferramentas no desenvolvimento do capítulo.

* Sigla de *failure mode and effect analysis*.

** Em inglês, *reliability centred maintenance* (RCM).

3.1 Ferramentas para aumento da qualidade

Todos os setores da empresa, em maior ou menor grau de esforço, devem implementar em seus locais de trabalho ferramentas que permitam o desenvolvimento com qualidade. Nas últimas décadas, a postura da fábrica, bem como a do setor de manutenção, mudou, buscando realizar um trabalho limpo e organizado, estruturado de forma mais planejada em função das crescentes metas de produtividade.

No caso da manutenção, indicamos como essenciais para a realização das atividades as seguintes ferramentas, que podem ser implementadas visando ao aumento do desempenho:

- cinco sensos (5S);
- *brainstorming*;
- 5W2H;
- folhas de verificação ou registro;
- *benchmarking*.

Apresentamos cada uma delas a seguir de forma mais detalhada.

3.1.1 Cinco sensos (5S)

Os cinco sensos, ou o chamado *5S*, em função da concordância de quem os utiliza, são uma das mais despretensiosas e poderosas ferramentas para a qualidade. É revestida de um fator de grande importância que, além de implementar a ordem organizacional, eleva a capacidade de discernimento do indivíduo.

De origem japonesa, os cinco sensos foram traduzidos para a língua portuguesa para serem aplicados em fábricas, escritórios e sistemas produtivos. Sua implementação mudou radicalmente a percepção de que as indústrias ou locais de produção deveriam ser sujos, bagunçados e desorganizados. O significado de cada senso está transcrito no quadro seguinte:

Quadro 3.1 – Significado dos cinco sensos

Senso	Significado	
1º	*Seiri*	Senso de descarte ou liberação de áreas
2º	*Seiton*	Senso de organização
3º	*Seiso*	Senso de limpeza
4º	*Seiketsu*	Senso de higiene, segurança, padrão
5º	*Shitsuke*	Senso de ordem ou disciplina

Seiri, o primeiro deles, pressupõe o fornecimento de conhecimentos aos funcionários para que saibam discernir entre o que é útil ao seu trabalho e o que não é. Significa retirar do ambiente de trabalho móveis, ferramentas, utensílios que não são úteis nem necessários à execução normal do trabalho. As vantagens dessa ação implicam que, no decorrer do trabalho, não tenhamos que nos preocupar em desviar daquela cadeira que não deveria estar ali, ou da ferramenta não utilizada no setor e que também se encontra no local. Há, efetivamente, uma clareza de pensamentos e ações, voltada para os elementos constantes no trabalho e do trabalho, evitando desperdícios e desgastes desnecessários.

Seiton implica que, além de os elementos e as ações serem úteis, eles (elementos) devem estar e ocorrer (ações) nos locais apropriados. Assim, ao se necessitar de determinada ferramenta para a execução de uma ação, não teremos de procurá-la, pois ela será facilmente localizada. Sem dúvida, as ações advindas da aplicação desse senso possibilitam ao funcionário um pensamento ordenado e estruturado em direção à resolução de suas atividades. Quando isso acontece, temos uma quantidade menor de tempo gasto porque não há ações paralelas à execução da atividade.

Seiso, o senso de limpeza, traduz a primeira condição visível nos setores produtivos atuais. Além da abordagem tradicional de visualização do ambiente, permite que nele sejam monitorados elementos que, ao se mostrarem sujos, indicam problemas, tais como equipamentos com vazamentos ou quantidades de sobras de material além do normal. Também traz na sua aplicação uma consideração educativa, pois a limpeza deve ser também um estado de espírito: o funcionário, ao vir trabalhar, deve estar com a mente clara e livre de problemas.

Seiketsu consolida as ações de organização e limpeza e vai além: significa buscarmos a melhor organização e realizar a melhor limpeza, nos dois sentidos descritos nos sensos anteriores. Baseando-nos nos recursos disponíveis, devemos executar o melhor, alcançando a integração dos recursos/ações para a obtenção do resultado mais adequado.

Os sensos vistos até aqui dão ao funcionário ferramentas poderosas no desempenho útil e produtivo do trabalho e tornam-se recursos indispensáveis às atividades da organização.

Shitsuke vai além das ações realizadas, incentivando os funcionários a transferir para si próprios a postura do cotidiano no trabalho com os quatro sensos anteriores. Esse senso consolida os quatro anteriores, permitindo um ganho permanente à organização, em que o pensamento bem ordenado e bem estruturado está a favor dela. Para que isso aconteça, o funcionário deve levar consigo, para aplicação no cotidiano em sua vida privada, o aprendizado obtido. O resultado dessa ação enseja a disciplina necessária preconizada nesse quinto senso.

3.1.1.1 Aplicação dos sensos

Os sensos devem ser aplicados na sequência em que foram apresentados. Nas organizações, o senso de descarte ou de liberação de áreas deve sempre vir primeiro, para que o de organização e o de limpeza sejam aplicados em seguida. Esses três primeiros são mais simples de implementar por se originarem em ações práticas perfeitamente visíveis e identificáveis.

1. **Ações para *Seiri***: retirar objetos que não são utilizados rotineiramente no desempenho da função. Implica conhecermos todas as peças, as ferramentas e os instrumentos para a realização do trabalho, e mantermos somente esses itens.

2. **Ações para *Seiton***: em relação aos objetos restantes, a organização deve priorizar o menor esforço de execução. Por exemplo: a ferramenta utilizada mais vezes no posto de trabalho n. 3 deve ser organizada de tal forma a ficar próxima desse posto. Uma solução simples são os quadros de ferramentas vistos nas boas oficinas mecânicas, com localização exata da guarda pelo tipo de ferramenta.

3. **Ações para *Seiso***: a manutenção dos pisos, das bancadas e dos equipamentos permite, além da localização rápida de elementos do trabalho, a identificação das situações chamadas *não conforme*. Locais com manchas, entulhos e outros problemas devem ser limpos e monitorados.

4. **Ações para *Seiketsu***: a verificação das três ações anteriores alerta o funcionário, que deverá manter o estado ideal e viabilizar o padrão estabelecido. Essa ação em auxílio ao funcionário deve ser executada pelo superior imediato já devidamente treinado nos sensos.

5. **Ações para *Shitsuke***: implicam que possam vir dos funcionários verdadeiras melhorias no trabalho. Assim, um plano de incentivos em direção à busca da melhora no processo poderá trazer bons resultados à organização e ao ambiente de trabalho.

Os cinco sensos desempenham um papel fundamental nas organizações e não somente nelas. Podem ser aplicados em escritórios, em ambientes prestadores de serviços que trabalham com o público, em sistemas logísticos de transporte e distribuição, em hospitais, em setores individuais ou na organização como um todo. Sua aplicação transforma e educa o funcionário não somente para o trabalho – educa-o também para sua vida privada, fazendo com que ele leve esses preceitos para casa. Dada sua importância, os cinco sensos, em muitas organizações, são estendidos aos familiares dos funcionários em treinamentos e visitas realizadas às instalações das fábricas e aos sistemas produtivos.

O sucesso na implementação dos cinco sensos depende de um programa de manutenção das ações propostas, que não devem ser realizadas somente uma única vez sob pena de se perderem no tempo. Outra consideração fundamental é que o programa seja apoiado e incentivado pelas instâncias superiores como parte de uma abordagem estratégica implementada pela organização.

3.1.2 *Brainstorming*

É uma ferramenta utilizada em reuniões, nas quais os integrantes têm liberdade total de expor suas ideias, por mais absurdas que pareçam. Essas ideias são classificadas e avaliadas dentro das expectativas da organização.

Todos os integrantes são reunidos em uma sala e sugerem ideias sem se preocuparem uns com os outros, influenciando ou sendo influenciados pelas ideias advindas de cada participante. A ferramenta pode ser utilizada para a discussão de um problema específico no qual a falha pode não ser evidente.

Na utilização do *brainstorming*, consideramos três fases distintas: a primeira delas é a fase A, em que as ideias são geradas; a segunda, a fase B, é destinada à realização dos esclarecimentos relativos ao processo; e a terceira, a fase C, realiza a avaliação das ideias propostas. A seguir, apresentamos os passos para a realização de uma seção de *brainstorming*:

Quadro 3.2 – Passos para o planejamento do brainstorming

Passo	Fase	Descrição
1	A	Escolher um facilitador para o processo, que definirá o objetivo.
2	A	Formar grupos de, no máximo, dez pessoas.
3	A	Escolher um lugar estimulante para a geração de ideias.
4	A	Os participantes terão um prazo de até dez minutos para apresentar suas ideias, que não devem ser censuradas.
5	B	As ideias anotadas deverão ser consideradas e revisadas, para depois serem disseminadas entre os participantes;
6	B	O facilitador deverá registrar as ideias em local visível, esclarecendo novamente o propósito da atividade.
7	C	Deverão ser eliminadas as ideias duplicadas.
8	C	Deverão ser eliminadas as ideias fora do propósito determinado.
9	C	Das restantes, serão selecionadas as ideias mais viáveis (se possível por consenso entre os participantes).

As ideias remanescentes ainda poderão ser estocadas em um banco de ideias da organização para utilização futura. Muitas organizações utilizam a técnica do *brainstorming* para identificar ideias que melhorem produtos ou proponham soluções inovadoras para problemas.

3.1.3 5W2H

A ferramenta 5W2H se refere à utilização de perguntas, originadas da língua inglesa e apontadas no Quadro 3.3, que se iniciam com as letras "W" e "H". As perguntas têm o objetivo de obter respostas que esclareçam o problema a ser resolvido ou que estruturem a utilização das ideias na resolução de problemas. A seguir, temos o significado de cada uma delas no modelo conceitual do 5W2H:

Quadro 3.3 – Perguntas para planejamento do 5W2H

Pergunta	Significado	Pergunta instigadora	Direcionador
What?	O quê?	O que deve ser feito?	Objeto
Who?	Quem?	Quem é o responsável?	Sujeito
Where?	Onde?	Onde deve ser feito?	Local
When?	Quando?	Quando deve ser feito?	Tempo
Why?	Por quê?	Por que é necessário fazer?	Razão-motivo
How?	Como?	Como será feito?	Método
How much?	Qual o custo?	Quanto vai custar?	Valor

Originariamente, eram somente 5Ws e 1H. Então, um último H, significando *How much*, foi acrescentado ao método, num momento posterior, para fundamentar financeiramente a decisão tomada baseada no critério do 5W1H, transformando-se assim em 5W2H.

A aplicação desse recurso permite que o profissional de manutenção indique de forma ordenada e estruturada a realização de uma ação de manutenção, podendo ser utilizada em qualquer um dos modelos.

3.1.4 Folhas de verificação ou registro

As folhas de verificação são utilizadas para a realização ordenada e direcionada de anotações referentes a um problema ou situação que queremos resolver e anotar. Podem ser utilizados dois tipos de folhas de verificação:

1. folha de manutenção/verificação de equipamento/sistema;
2. folha de verificação para falha.

A primeira se destina ao acompanhamento do processo de manutenção, avaliando se os equipamentos e itens estão dentro do padrão e qual a frequência da manutenção preventiva e dos registros de não conformidades. É base para outras ferramentas de análise.

A segunda pode ser modelada para representar um defeito específico encontrado no item do equipamento ou sistema, auxiliando o profissional da manutenção a identificar a localização e o tipo da falha ocorrida.

A utilização dessa ferramenta é bastante simples, uma vez que, com base no modelo já parametrizado, ou seja, com o padrão especificado, o apontador somente registra as ocorrências conforme elas se apresentam. Esse recurso deve ser implantado com base na necessidade de informações da organização. Tal procedimento evita registro em documentos que não são hábeis para registro ou análise da ocorrência.

3.1.5 *Benchmarking*

A ferramenta *benchmarking* é muito simples de ser explicada, mas difícil de ser implementada. A utilização desse instrumento deve considerar as melhores práticas de mercado, ou seja, as utilizadas pelas melhores empresas. Se adequadas, devem ser aplicadas na organização.

Fica evidente que o grau de dificuldade desse recurso se traduz na obtenção da informação das melhores práticas, uma vez que algumas empresas têm seu diferencial em seus processos e procedimentos, mas não revela seus segredos.

Entretanto, o conhecimento dessas práticas pode ser conseguido de forma indireta com a participação dos integrantes da manutenção em congressos, simpósios, feiras de novos produtos ou, até mesmo, por meio de revistas especializadas na área. Apresentamos no quadro a seguir alguns passos necessários à realização do *benchmarking*.

Quadro 3.4 – Passos para o planejamento do benchmarking

Passo	Descrição
1	Identificar os problemas a serem resolvidos.
2	Identificar os processos que estão gerando problemas.
3	Identificar organizações que resolveram problemas semelhantes.
4	Planejar a obtenção de dados (pesquisa/observação).
5	Coletar os dados das organizações escolhidas.
6	Montar uma equipe para análise das informações e da adaptação.
7	Elaborar um plano de ação adaptado às necessidades da organização.
8	Treinar a equipe e implementar o plano de ação na organização.
9	Monitorar os resultados e verificar a efetividade.
10	Realizar nova comparação para verificação do *benchmarking*.

Se as escolhas das novas técnicas forem adequadas, deve-se obter com a aplicação dos passos apresentados uma melhoria nos sistemas, que caminha em direção à melhoria da qualidade na organização como um todo.

3.2 Manutenção produtiva total (MPT)

A MPT teve início no Japão, na empresa Nippondenso, integrante do grupo Toyota, que recebeu, em 1971, o prêmio máximo em MPT concedido a empresas que se destacaram na condução do programa. No Brasil, foi apresentada pela primeira vez em 1986.

De acordo com Slack, Chambers e Johnston (2002, p. 647), a MPT é definida como "a manutenção executada por todos os empregados por meio de pequenas atividades em grupo". Ela adota princípios de trabalho em equipe e delegação de poderes, bem como a utilização de melhoria contínua em seus processos para a redução de falhas. Busca, visando à melhoria nas práticas de manutenção, os seguintes objetivos:

- Analisar de que forma as instalações contribuem para os objetivos da organização, verificando os processos de perdas.
- Realizar a manutenção autônoma com a delegação de responsabilidades.
- Planejar a manutenção, tendo uma abordagem que funcione totalmente para todas as atividades de manutenção, incluindo o nível de manutenção preventiva, que é requerido para cada peça do equipamento, os padrões para a manutenção e as respectivas responsabilidades da equipe de operação e da equipe de manutenção.
- Treinar toda a equipe em habilidades de manutenção relevantes de modo que a equipe tenha todas as habilidades para executar seus papéis.
- Diminuir a manutenção como um todo por meio da manutenção preventiva, considerando as causas das falhas e as tolerâncias do equipamento durante as etapas de elaboração de projeto, fabricação, seleção e instalação.

A MPT recomenda que seis grandes perdas devam ser analisadas e, consequentemente, reduzidas para possibilitar o aumento da produtividade dos equipamentos. Conforme Martins e Laugeni (2005), essas perdas apresentam-se a seguir:

1. **Perda por quebra/falha de equipamento**: contribui para a maior parte na queda de rendimento dos equipamentos. Pode ser separada em *perda relativa à quebra propriamente dita*, ou seja, um fenômeno repentino, um acidente de produção, ou perda relativa à *redução gradativa da* performance,

com redução da função do equipamento em relação à função original. Refere-se à quantidade de itens que deixaram de ser produzidos porque a máquina quebrou. Pode ser facilmente controlada e combatida por meio da manutenção preventiva.

2. **Perda por mudança de linha/regulagem (*setup*)**: essa perda é inevitável e ocorre quando se efetua uma mudança de linha com interrupção do ciclo para preparar a máquina para outro produto. Consiste no fato que, em geral, gasta-se muito tempo para efetuar as alterações na máquina e mais tempo ainda nos ajustes e regulagens. Pode ser combatida com técnicas de redução do *setup* (trocas rápidas).

3. **Perda por paradas temporárias**: não se trata de uma quebra; é uma interrupção momentânea ocasionada por um problema qualquer. Em geral, trata-se de situações em que basta reiniciar o sistema para dar continuidade à operação, o que, porém, exige uma intervenção humana. A detecção de peça defeituosa (por um sensor) evita a propagação do defeito, entretanto causa parada da produção, levando à ociosidade do tempo do operador.

4. **Perda por baixa velocidade**: refere-se à diferença entre a velocidade nominal do equipamento e sua velocidade real. Alguns fenômenos exigem que o equipamento trabalhe a uma velocidade menor, levando à perda resultante de queda de velocidade de operação. Normalmente, está associada a condições físicas de operação, tais como temperatura, velocidade, entre outras.

5. **Perda por qualidade insatisfatória**: refere-se a produtos defeituosos e retrabalhos. Tudo que é feito além do previsto – operações relativas a retrabalho e eliminação dos produtos defeituosos – constitui perda.

6. **Perda por entrada em regime e queda de rendimento (*startup*)**: é a perda em razão do atraso da estabilização do processo, causada pela instabilidade da própria operação, deficiência dos gabaritos, moldes ou ferramentas, falta de matéria-prima e pelas variáveis do processo, como temperatura e pressão.

As perdas 1 e 2 se referem à disponibilidade; as perdas 3 e 4, à eficiência, e as perdas 5 e 6, à qualidade.

Para que os objetivos pudessem ser alcançados, uma série de ações foi combinada e deu origem aos fundamentos da MPT, denominados *pilares da MPT*, que são apresentados a seguir.

3.2.1 Pilares da MPT

Os pilares são apresentados de forma separada e podem ser implementados gradativamente, de forma organizada, em planos; entretanto, a MPT pode proporcionar melhores resultados se adotada de forma integrada. Muitos dos pilares já se encontram instalados na organização, e um plano de revisão para que a integração seja realizada deve ser proposto. As ferramentas de aplicação permitirão ao gestor colocar em operação o plano para a MPT.

Aliando-se aos sistemas específicos de manutenção, a MPT permeia toda a organização, obrigando seus integrantes a terem uma visão de todos os sistemas organizacionais incluídos nesse sistema produtivo.

Figura 3.1 – Pilares da MPT

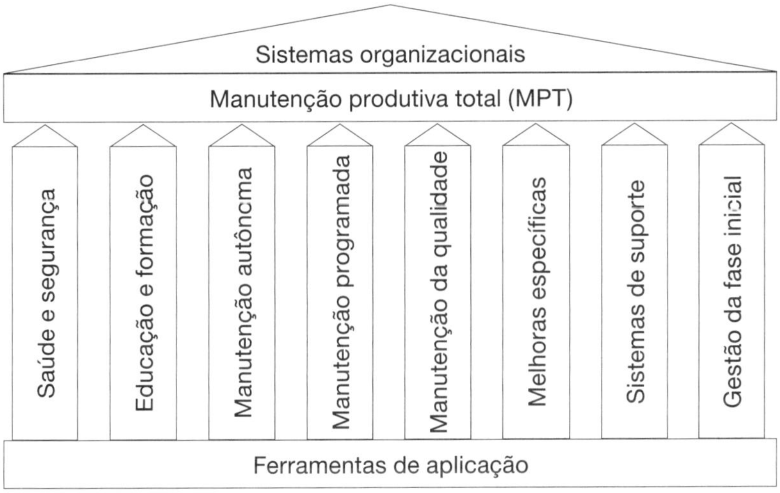

Sistemas organizacionais
Manutenção produtiva total (MPT)

- Saúde e segurança
- Educação e formação
- Manutenção autônoma
- Manutenção programada
- Manutenção da qualidade
- Melhoras específicas
- Sistemas de suporte
- Gestão da fase inicial

Ferramentas de aplicação

Fonte: Adaptado de Bormio, 2000, p. 11.

A seguir, apresentamos de forma mais detalhada, de acordo com Bormio (2000), cada um dos pilares contidos na figura. Não há uma sequência de implementação pré-determinada para cada um deles; entretanto, a capacitação do pessoal, se realizada preliminarmente, pode potencializar os resultados.

3.2.1.1 Saúde e segurança

Esse pilar é de grande importância, uma vez que a MPT estabelece a meta de *zero acidente*. Tal importância é enfatizada pela necessidade de proteger os operadores, que são treinados, inicialmente, para realizar tarefas técnicas simples. A maioria dos operadores participantes não é contratada para integrar a manutenção. Não importa o quão simples pareça a tarefa, devemos avaliar o risco das operações, gerar o mapa de risco necessário às atividades e implementar os conceitos de segurança inerentes à manutenção. Os operadores devem, portanto, ser treinados para realizar a avaliação de risco das tarefas e desenvolver procedimentos de trabalho seguro.

3.2.1.2 Educação e formação

Em muitas organizações, a formação de pessoal não é considerada um elemento importante; normalmente, as instruções são realizadas de modo informal, deixando para o funcionário a realização de suas próprias anotações. Assim, devem ser verificadas as seguintes condições para a proposta de desenvolvimento de habilidades dos operadores:

- O instrutor é qualificado tecnicamente, conhece realmente o método.
- O instrutor pode, sem o uso de um procedimento adequado, recordar todas as etapas e fatos relevantes na ordem correta.
- O instrutor tem a capacidade de explicar o que está fazendo.
- O operador é capaz de entender o tema.
- O operador é capaz de fazer registros técnicos, anotações precisas.
- O operador consegue realizar, adequadamente, o registro de diagramas.
- O operador pode aprender ao mesmo tempo que toma notas e segue as instruções.

Os treinamentos devem consumir recursos financeiros e tempo da organização, uma vez que têm efeito no longo prazo. Sem treinamento adequado, a MPT e a manutenção, em geral, simplesmente não funcionam. Esse pilar explica qual é o conhecimento necessário, como ensiná-lo e como confirmar sua apreensão e compreensão. Por isso, é importante que a competência do operador seja confirmada e que ele não tenha somente participado do curso. Um histórico do treinamento deve ser realizado para verificações futuras.

A MPT também reconhece que em muitas organizações não existem métodos de treinamento apropriados; por isso, também adota o uso de procedimento operacional padrão (POP). Trata-se de um documento que contém todas as ações ordenadas para a realização de uma determinada tarefa.

Habilidades mais solicitadas dos operadores:
Os operadores devem apresentar grande habilidade no ajuste correto dos equipamentos e no desempenho das seguintes funções:

- Identificar e aprimorar fontes de *fuguai* (pequenos defeitos), o que significa entender que limpeza é inspeção.
- Entender as funções e os mecanismos do equipamento e encontrar causas do problema, diagnosticando falhas até determinado nível.
- Entender a relação entre o equipamento e as características da qualidade do produto.
- Conseguir consertar o equipamento, podendo avaliar as causas das falhas e tomar atitudes de emergência.
- Desenvolver *kaizen* (melhorias incrementais) individual de temas do trabalho, prolongando a vida do equipamento e das peças por meio de melhorias constantes.

Habilidades procuradas no pessoal de manutenção:
- Instruir a correta operação e manutenção diária do equipamento.
- Saber se o funcionamento do equipamento está normal ou não.
- Analisar causas de anormalidade e implantar métodos de restauração corretos.
- Conseguir aumentar a confiabilidade do equipamento e das peças.
- Conseguir atingir objetivos econômicos dessas atividades.

3.2.1.3 Manutenção autônoma (MA)

A utilização de técnicos altamente qualificados ou engenheiros para realizar tarefas de manutenção muito simples não é rentável. Se os operadores puderem ser treinados para realizar as tarefas básicas, eles terão a oportunidade de aumentar seu nível de habilidade, tornando-se mais responsáveis pelo funcionamento da ferramenta ou equipamento, aumentando suas perspectivas de permanência no emprego. Ao mesmo tempo, os técnicos podem ser liberados para trabalhar em tarefas mais complexas, reduzindo o custo das tarefas mais simples.

Esse pilar destina-se a aumentar a habilidade dos operadores a um nível em que eles sejam capazes de realizar a manutenção básica em seu próprio equipamento. Ao adotarem os procedimentos de "limpar e inspecionar", os profissionais são ensinados a reconhecer uma operação anormal e identificar os problemas que estão em desenvolvimento. Ao longo do tempo, como a habilidade dos operadores melhora, as equipes de MA evoluem para uma manutenção mais complexa, podendo adquirir mais conhecimentos técnicos.

3.2.1.4 Manutenção programada (MP)

A MP, detalhada na Seção 2.2 do Capítulo 2, consiste na identificação das causas dos problemas do equipamento e implementação de soluções quando uma equipe de MA é de operadores dedicados à supervisão técnica. As equipes de MP* são conhecidas como *equipes de zero falha*. Além dos problemas básicos cobertos por equipes comuns, as equipes de zero falha também abordam questões mais complexas. Estas incluem a eficácia da manutenção, eliminando problemas recorrentes e melhorando a eficiência do equipamento.

Eficiência global dos equipamentos (OEE**) é a medida utilizada pela MPT para atingir o melhor desempenho do equipamento, e será estudada no Capítulo 4 deste livro.

> * Para a MPT, o termo *manutenção programada* equivale à "manutenção preventiva".
> ** Sigla de *overall equipment effectiveness*.

3.2.1.5. Manutenção da qualidade (*Hinshitsu-Hozen*)

O *Hinshitsu-Hozen* compreende atividades que se destinam a definir condições do equipamento que excluam defeitos de qualidade, com base no conceito de *manutenção do equipamento em perfeitas condições*. Mesmo a ferramenta considerada perfeita não produz um produto perfeito, pois há sempre algum tipo de variação na qualidade ou nos atributos físicos do produto. As causas da variação são as limitações do equipamento e da escolha dos componentes utilizados. Esse pilar utiliza **equipes multifuncionais** para analisar áreas nas quais possam existir variações e, assim, reduzi-las, aumentando o desempenho.

Uma vez que a causa é encontrada, a equipe investiga se uma modificação ou uma melhoria pode ser implementada para aumentar o rendimento. Alternativamente, poderemos procurar por um processo de fabricação diferente que não apresente as mesmas limitações.

Mão de obra, máquina, material, método, medida e **meio ambiente** (conhecidos como *6M*): esses seis fatores incidem diretamente sobre a qualidade, sendo que o objetivo básico é a transformação deles em condições ideais. Uma análise de causas em conjunto com propostas de melhorias reduzem a variabilidade e aumentam a qualidade.

3.2.1.6 Melhorias específicas

Melhoria individual (*Kobetsu-Kaizen*), atividade que serve para erradicar de forma concreta as oito grandes perdas que reduzem a OEE do equipamento. Por meio da eliminação dessas perdas, melhora-se a eficiência global do equipamento. Entretanto, há problemas pendentes com os equipamentos ou processos que são difíceis de identificar. As equipes multifuncionais são utilizadas para investigar tais problemas e encontrar soluções permanentes. Os problemas analisados devem ser avaliados para justificar se uma correção pode vir a proporcionar um benefício positivo e rentável.

3.2.1.7 Sistemas de suporte

O que o setor administrativo tem a ver com o programa MPT, se não utiliza equipamentos de produção? Cada departamento dentro de uma organização causa um impacto na produção: lojas, compras, instalações, controle de qualidade, programação, administração, vendas, entre outros. Os sistemas de suporte utilizam técnicas de MPT para identificar e resolver problemas, como a falta de peças de reposição, compra de peças incorretas, prazos excessivos, materiais de má qualidade, falta de padronização de dimensões de materiais, peças enviadas com a especificação errada, peças que não chegam a tempo ou que chegam, mas ninguém informa etc. Há um grande número de questões. Basicamente, identificamos os problemas e aplicamos os procedimentos de MPT em sua análise e eliminação.

3.2.1.8 Gestão da fase inicial

Esse é o pilar da organização ou do planejamento em que equipes são criadas para avaliar cada etapa da produção. Consiste no conjunto de atividades que visa à redução das perdas do período entre o desenvolvimento do produto e o início da produção plena e a realização do efetivo desenvolvimento do produto e os investimentos em equipamentos para atingir a produção plena.

Trata-se de consolidar toda a sistemática para o levantamento das inconveniências e imperfeições e a incorporação de melhorias, mesmo em máquinas novas, e, por meio dos conhecimentos adquiridos, tornar o profissional apto a elaborar novos projetos em que vigorem os conceitos de manutenção, o que resultará em máquinas sem quebra ou falha.

A metodologia para a gestão da fase inicial segue uma espécie de análise de fluxo de valor. Como funciona a empresa para obter as ideias de novos produtos? Como faz a seleção de concepção de novos produtos? Como é possível atender às necessidades dos clientes? Quando o cliente "fala" com a empresa é atendido de forma eficiente? Quais são as etapas entre o pedido e a entrega? A documentação é necessária e eficaz? O faturamento é correto? Será que o cliente obtive o produto conforme foi prometido?

Outra área coberta destina-se à melhoria da capacidade de fabricação do produto. É fácil produzir? Pode ser montado de forma errada ou as peças são feitas com dispositivos *poka-yoke**, que se encaixam de uma maneira específica? É confiável? É fácil de manter? É fácil de operar? A máquina é eficiente do ponto de vista de consumo de energia? São perguntas que devem ser respondidas entre a fase do projeto e a colocação do produto no mercado. A equipe deve investigar o sistema completo do início ao fim e procurar maneiras de fazer melhorias.

3.2.2 Considerações finais sobre a MPT

Como podemos perceber, a manutenção produtiva total é um método destinado à melhoria da organização de uma forma geral, não se limitando aos sistemas produtivos, podem ser aplicados da mesma forma nos sistemas de suporte ou administrativos da produção. Por ser um método, é dependente de ferramentas para ser colocado em prática.

A escolha de ferramentas e técnicas adequadas determinarão a qualidade do programa e os benefícios obtidos com as melhorias realizadas. São consideradas essenciais à MPT as técnicas necessárias à implementação da manutenção autônoma e da manutenção programada e as técnicas para o desenvolvimento de equipes multifuncionais.

---

* Trata-se de dispositivos à prova de falha.

3.3 Análise do modo e efeito da falha (FMEA)

A metodologia da FMEA foi desenvolvida pelo exército norte-americano por meio do procedimento militar MIL-P-1629 (United State of America, 1949). Intitulado "Procedimento para desempenhar um modo de falha, seus efeitos e análise da sua criticidade" (tradução nossa), foi usado como técnica de avaliação da confiabilidade para determinar o efeito das falhas num sistema ou num equipamento.

Ao se utilizar a FMEA, diminuem-se as chances de o produto ou processo falhar, aumentando sua confiabilidade. Essa técnica tem como objetivo básico a detecção de falhas antes que se produza uma peça ou um produto.

3.3.1 Tipos de FMEA e abordagem de utilização

Encontramos na literatura quatro tipos de FMEA que servem aos diversos propósitos do setor de manutenção:

1. **FMEA de produto**: analisa as falhas que podem ocorrer com o produto de acordo com as especificações do projeto. O objetivo dessa análise é evitar falhas no produto ou no processo decorrente do projeto do produto. É comumente denominada também de *FMEA de projeto*.

2. **FMEA de processo**: analisa as falhas no planejamento e execução do processo. O objetivo dessa análise é, portanto, evitar falhas no processo, tendo como base as não conformidades das especificações do projeto.

3. **FMEA de serviço**: visa prevenir a ocorrência de falhas durante a produção dos serviços, de modo que estes sempre atendam às expectativas dos clientes. É desenvolvida como uma ferramenta de prevenção (Rotondaro, 2002).

4. **FMEA de sistema**: analisa o *design* de um produto durante a sua fase de concepção, sendo parte do critério de seleção do conceito. Essa FMEA foca os modos de falha potencial das funções de produtos ou equipamentos causados por um *design* deficiente.

Existem duas abordagens para a aplicação da FMEA; a mais utilizada é a abordagem *bottom-up*, tendo em vista que, por meio dela, avaliamos as causas para a identificação do defeito.

A abordagem de baixo para cima é utilizada quando se emprega o conceito de *sistema*. Cada componente no nível mais baixo é estudado um por um. A abordagem *bottom-up* é também chamada de *abordagem de* hardware. A análise é concluída quando todos os componentes são considerados.

A abordagem *top-down* é utilizada principalmente em uma fase inicial de concepção, antes que toda a estrutura do sistema esteja decidida. A análise começa com as principais funções do sistema e como estas podem falhar. Falhas funcionais com efeitos significativos são, normalmente, prioridades na análise. A abordagem de cima para baixo pode também ser utilizada em um sistema existente e se concentrar em áreas com problemas.

3.3.2 Etapas para planejamento e aplicação

A FMEA necessita de um planejamento prévio para que tenha êxito em sua operação. As etapas podem ser divididas em dois grandes grupos: o grupo para o planejamento e o grupo para a análise ou aplicação.

Planejamento

1. Definição do objetivo e da função
2. Constituição da equipe

Análise/Aplicação

1. Identificação das falhas potenciais
2. Priorização das falhas potenciais
3. Seleção e implementação das ações corretivas
4. Observação e aprendizagem
5. Documentação do processo

Vejamos, a seguir, cada uma dessas etapas.

3.3.2.1 Definição do objetivo e da função

1. Definir o sistema a ser analisado:
    a. Estabelecer a fronteira de análise (peças que devem ser incluídas e as que não devem).
    b. Determinar principais funções, inclusive requisitos funcionais.
    c. Considerar as condições operacionais e ambientais.
    d. Incluir interfaces que cruzam a fronteira do projeto.

2. Recolher informação disponível que descreve o sistema a ser analisado, incluindo desenhos, especificações, esquemas, listas de componente, informações funcionais, descrições.

3. Coletar informações sobre projetos anteriores semelhantes e de fontes internas e externas, entrevistas com o pessoal do projeto, pessoal de operações e manutenção e fornecedores de componentes.

4. A FMEA pode ser usada para analisar qualquer sistema, subsistema, componente ou processo. Durante as fases iniciais de concepção, a análise de falhas potenciais estará a um nível elevado, cobrindo todo o sistema.

3.3.2.2 Constituição da equipe

A equipe que participa do processo em análise precisa se dividir em *permanente* e *de apoio*. A equipe permanente é aquela que determina o andamento do processo da FMEA, validando a análise e as ações propostas, verificando se foram executadas de acordo com o planejado. A equipe de apoio suporta o processo da FMEA aplicando as ações de planejamento em seu setor ou área.

São listados a seguir os integrantes de equipe permanente e os de equipe de apoio:

Integrantes de equipe permanente
- engenheiro de processo;
- engenheiro de produto;
- engenheiro de sistema;
- engenheiro de qualidade.

Integrantes de equipe de apoio
- representante de produção;
- fornecedor de componentes;
- responsável de vendas;
- responsável pela logística.

A equipe deve ter uma formação multidisciplinar, pois a multidisciplinaridade permite que a análise seja realizada sob diversas óticas. Um problema pode ser mais impactante sob a ótica da produção do que sob a ótica mercadológica, sendo mais fácil de ser identificado pelo setor produtivo.

3.3.2.3 Identificação das falhas potenciais

Para identificar as falhas potenciais é preciso dividir o sistema em unidades gerenciáveis – em elementos funcionais. Para tanto, é necessário definir o nível de detalhe que se deve ter para dividir o sistema, o que dependerá do objetivo da análise. A figura a seguir exemplifica uma estruturação para a realização de análise.

Figura 3.2 – Exemplo de estrutura de análise

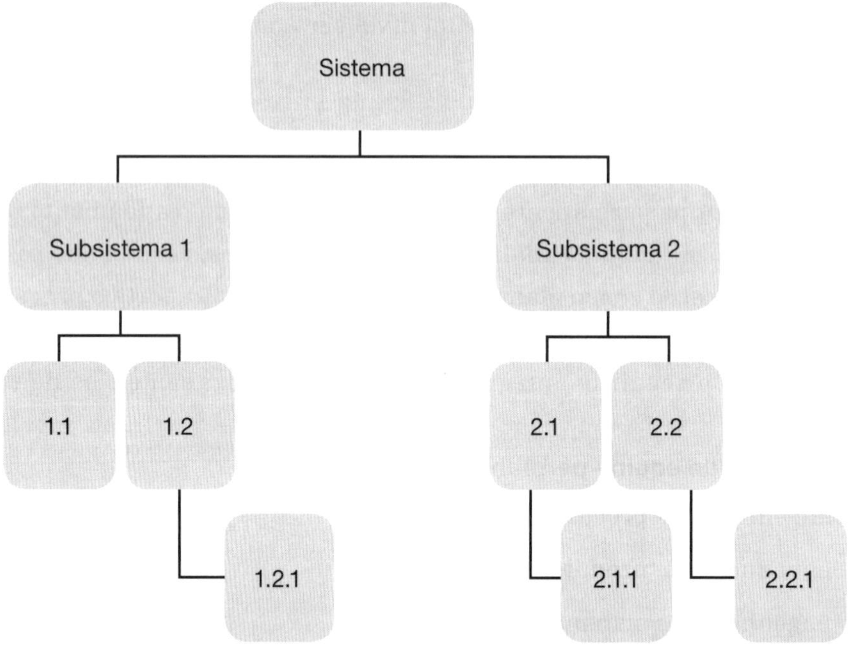

A identificação de uma falha é obtida pela sua consequência, a própria falha, quando é descoberta pelo operador da produção, pelo sistema de qualidade ou pelo consumidor, o que significa que a falha é identificada pela descoberta de sua ocorrência, e não antes desta.

Na identificação de falhas, devemos considerar especificamente a relação apresentada anteriormente, determinando a relação de causa e efeito:

- efeito no equipamento de montagem não permitindo o processo pré-determinado;
- efeito na segurança do operador;
- efeito numa posterior fase de montagem;
- efeito na utilização do produto em teste, ou pelo cliente final;
- efeito no não cumprimento das normas;
- efeito na insatisfação do consumidor.

Para subsidiar o processo de identificação e como a FMEA utiliza a relação de causa e efeito, podemos classificar e categorizar os itens de análise por meio da utilização do 6M aliado ao diagrama de "espinha de peixe", ou de causa e efeito, proposto por Kaoru Ishikawa (1968).

Figura 3.3 – Diagrama de causa e efeito combinado com o 6M

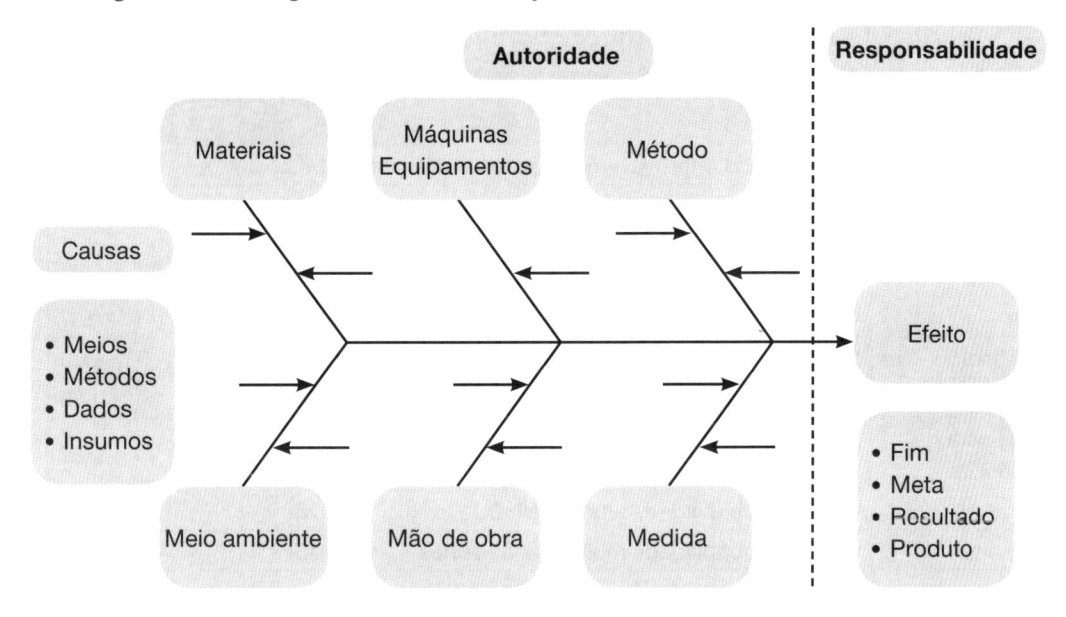

O 6M aplicado no diagrama apresentado é estruturado com base nos seguintes elementos:

- **Método**: forma de fazer.
- **Material**: escolha do material.
- **Mão de obra**: forma de utilizar.
- **Máquina**: interação externa.
- **Meio ambiente**: onde irá operar.
- **Medida**: dentro da norma.

Após a identificação das falhas, devemos priorizá-las para executar ações ordenadas para sua resolução.

3.3.2.4 Priorização das falhas potenciais

O método estabelece critérios para a priorização das falhas, que são: **ocorrência**, **severidade** e **detecção**. São critérios usados na decisão do grau de risco para um dado processo ou produto. Vejamos cada um:

- **Ocorrência**: é a frequência de incidência da falha, é a quantidade de vezes em que a falha acontece em determinado tempo. Para esse critério, podemos ter a tabela a seguir que classifica a falha de acordo com o grau de ocorrência. Tendo em vista que a ocorrência pode ser traduzida pelo índice de capabilidade (Cpk), são também apresentados valores equivalentes.

Tabela 3.1 – Critério de pontuação para ocorrência de falhas

Ocorrência	Valor	Critérios	Probabilidade de falha	Cpk
Quase impossível	1	Falha improvável/Processo sem falhas	$1/1,5 \cdot 10^6$	$\geq 1,67$
Mínima	2	Número remoto de falhas	$1/1,5 \cdot 10^5$	$\geq 1,50$
Raramente acontece	3	Probabilidade muito baixa de falhas	$1/1,5 \cdot 10^4$	$\geq 1,33$
Baixa	4	Probabilidade baixa de falhas	$1/2 \cdot 10^3$	$\geq 1,17$
Ocasional	5	Probabilidade ocasional de falhas	1/400	$\geq 1,00$
Moderada	6	Probabilidade moderada de falhas	1/80	$\geq 0,83$
Falhas com frequência	7	Probabilidade com frequência de falhas	1/20	$\geq 0,67$
Alta	8	Probabilidade alta de falhas	1/8	$\geq 0,51$
Muito alta	9	Probabilidade muito alta de falhas	1/3	$\geq 0,33$
Quase certa	10	Probabilidade quase certa de falhas através de históricos	> 1/3	$\geq 0,33$

Os elementos da tabela indicam a ocorrência, a nota atribuída ao valor, os critérios que são utilizados, a probabilidade da falha e o índice de capabilidade. A variabilidade dos critérios de análise permite que a equipe realize a abordagem por meio de seus diversos elementos indicadores.

- **Severidade**: em termos de efeito da falha, é o grau de impacto causado pela ação da falha. A tabela a seguir apresenta o valor para a atribuição do impacto, juntamente com os critérios que representam o impacto causado sobre produtos ou processos, caso a falha aconteça.

Tabela 3.2 – Critério de pontuação para severidade de falhas

Severidade	Valor	Critérios
Efeito nenhum	1	Nenhum efeito sobre produto ou processos
Efeito mínimo	2	Efeito mínimo no desempenho do produto ou processo-falha detectável
Efeito muito pequeno	3	Causa de pequeno incômodo no usuário
Efeito pequeno	4	Efeito pequeno no desempenho do produto ou serviço
Efeito moderado	5	Resulta em falha sobre componente não vital

(continua)

(Tabela 3.2 – conclusão)

Severidade	Valor	Critérios
Efeito significativo	6	Produto instável, funcionalidade afetada, reparação
Efeito grande	7	Usuário insatisfeito, funcionalidade afetada, reparação
Efeito extremo	8	Produto inoperacional, insatisfação do consumidor
Efeito grave	9	Produto inoperacional, insatisfação do consumidor, não cumprimento de normas
Efeito catastrófico	10	Não atende a critérios mínimos de segurança/Avaria repentina, não cumprimento das especificações

- **Detecção**: Capacidade de detectar a falha antes que ela chegue ao usuário. Constatação de que existem meios de identificação, e que esses meios permitem ações imediatas.

Tabela 3.3 – Critério de pontuação para detecção da falha

Detecção	Valor	Critérios
Quase certa	1	Controles atuais detectam falha quase sempre
Muito alta	2	Eficiência muito alta
Alta	3	Grandes chances de detecção
Moderadamente alta	4	Eficiência moderadamente alta
Média	5	Média chance de detecção
Baixa	6	Pouca eficiência na detecção e avaliação do projeto
Muito baixa	7	Chance muito baixa de detecção
Mínima	8	Pouca eficiência nos campos de análise do projeto
Rara	9	Eficiência de detecção desconhecida ou rara
Remota	10	Não existem controles que detectem a falha

A metodologia necessita de uma ordenação. Se indicarmos o valor para cada um dos critérios (ocorrência, severidade e detecção), qual deles devemos abordar primeiro? Qual dos critérios é mais importante?

A metodologia indica uma média ponderada representada pelo **número de prioridade de risco (NPR)**. Esse índice, em comparação com outros, determina quais problemas devem ser "atacados" primeiro. O número é representado pela sigla NPR e sua equação é a que segue:

$$NPR = Ocorrência \cdot Severidade \cdot Detecção$$

Com o número de prioridade de risco definido, devemos ainda avaliar os desvios com relação aos cálculos apresentados. Assim, uma nota 10 em ocorrência combinada com uma nota 1 em detecção pode nos levar a tomar ações inadequadas.

Matriz de risco

A utilização da matriz de risco considera que o risco associado ao fracasso é uma função da frequência do modo de falha e os efeitos potenciais finais (severidade) das avarias. O risco pode ser ilustrado conforme quadro apresentado a seguir:

Quadro 3.5 – Matriz para aceitação de risco

Frequência/ Consequência	Muito improvável 1	Remoto 2	Ocasional 3	Provável 4	Frequente 5
Catastrófico					
Crítico					
Principal					
Mínimo					

- Estabelecer ações para manter o risco neste nível
- Risco aceitável se o custo exceder o benefício
- Não aceitável; estabelecer medidas de redução do risco

A variação de cores indica o nível de risco associado à falha apresentada durante a análise. Verifica-se a relação entre a frequência e a consequência apresentada pela falha.

Aceitação do risco

Aceitação do risco pelo critério do nível de serviço permite considerarmos o estabelecimento de metas pelo nível de risco e pode ser obtida por meio da fixação de critérios, como do exemplo a seguir:

- Não há aceitação de um nível de risco acima de 5%.
- Como o valor máximo de NPR é (10 · 10 · 10) = 1.000 (neste caso = 100%), 5% de 1.000 é 50, que é a resultante da nota atribuída (NPR).

Assim, qualquer valor para NPR acima de 50 deve ser verificado e analisado, para que medidas para a sua redução sejam tomadas. Outros níveis de serviços podem ser estabelecidos em condições mais ou menos críticas de trabalho.

3.3.2.5 Seleção e implementação de ações corretivas

Para falhas potenciais em que o risco de falha é considerado demasiadamente elevado, devemos introduzir ações de modo a eliminar, reduzir ou controlar a falha. As ações corretivas utilizadas destinam-se à eliminação das causas potenciais, eliminação dos modos de falha, redução dos efeitos das falhas, ou, como último recurso, aumento do nível de detecção.

Diversas ações corretivas podem ser adotadas. A seguir listamos algumas:

- medidas de prevenção total ao tipo de falha;
- medidas de prevenção total de uma causa de falha;
- medidas que dificultam a ocorrência de falhas;
- medidas que limitam o efeito do tipo de falha;
- medidas que aumentam a probabilidade de detecção do tipo ou da causa de falha.

3.3.2.6 Observação e aprendizagem

Podemos acompanhar o efeito das medidas adotadas com a redução proporcional do NPR. A identificação e a redução dos riscos podem ser acompanhadas por meio da tabela comparativa/avaliativa apresentada a seguir:

Tabela 3.4 – Comparação da redução do NPR

Situação	Ocorrência	Severidade	Detecção	NPR
Inicial	5	7	8	280
Revisada	4	6	7	168
Redução % do NPR				40%

Pela tabela, podemos observar que, para o problema apresentado e pelas ações propostas realizadas, houve a redução de 40% no valor do NPR.

3.3.2.7 Documentação do processo

Documentar o processo é fundamental, pois permite que tenhamos uma base de dados para consultas futuras. Esses documentos podem ser utilizados para documentar o processo inicial e servirão de base para a análise.

O formulário para a FMEA é um documento de auxílio para a aplicação da ferramenta. A seguir apresentamos um modelo do formulário e o significado de cada uma das colunas para auxílio em seu preenchimento e aplicação.

Quadro 3.6 – Informações para o preenchimento do documento da FMEA

Análise do tipo e do efeito de falha				
	FMEA de Processo / FMEA de Produto		Descrição do item, produto, processo que será objeto de análise do tipo e efeito de falha.	Descrição do produto/processo
			Função do item, indicada de maneira breve. Função e/ou características que devem ser atendidas pelo produto. Itens com mais de uma função (com diferentes modos de falha) são listados separadamente.	Função(ões) do produto
			Falha no atendimento à demanda de projeto. Devem ser listados todos os modos de falha por item ou função, inclusive aqueles decorrentes de condições especiais de operação. Use experiência e dados históricos. Alguns modos de falha são vazamento, fratura.	Tipo de falha potencial
			Efeitos percebidos pelos usuários internos ou externos. Perceptíveis em sistema, subsistema ou componente, devendo ser indicados como tal.	Efeito de falha potencial
			Itens críticos são aqueles que afetam a segurança de operação do equipamento, têm potencial de comprometer o atendimento às normas previstas na legislação. Itens críticos podem ser dimensões, ferramentas, processos etc.	Crítico: Sim/Não
			Identificação da raiz do problema. A causa potencial é uma deficiência no projeto que resulta em um modo de falha. O objetivo é listar todas as causas/mecanismos de falhas percebidos pela equipe.	Causa de falha potencial
	Responsável: Equipe:		Medidas preventivas e de detecção que já tenham sido tomadas e/ou são regularmente utilizadas nos produtos/processos da empresa.	Controles atuais
			Índice de severidade de acordo com a tabela.	S[1] / Índices iniciais
			Índice de ocorrência de acordo com a tabela.	O
			Índice de detecção de acordo com a tabela.	D
			Resultado do número de prioridade de risco.	NPRi
			Ações dirigidas aos itens de maior NPR. Alterações no projeto reduzem severidade e ocorrência. Ações dirigidas às etapas de verificação reduzem a probabilidade de não detecção do modo.	Ações recomendadas
			Responsável pela implementação das ações de melhoria na redução da falha.	Responsável/prazo
	Cod. Peça / Nome equipamento/Peça: / Data: / Folha nº de			Medidas implantadas
			Antes de efetuar as ações corretivas, estimam-se os valores futuros de severidade, ocorrência e detecção. No caso de nenhuma ação prevista, as colunas permanecem em branco.	S / Índices finais
				O
				D
				NPRf
			% de melhoria considerada com base na razão entre o número de prioridade de risco inicial e o NPR final.	% de melhoria

Nota: [1] S = Severidade; O = Ocorrência; D = Detecção; NPR = Número de prioridade de riscos

Alguns documentos iniciais estão relacionados, a seguir, para a FMEA de produto e para a FMEA de processo.

Quadro 3.7 – Documentos básicos para análise da FMEA de produto e da FMEA de processo

FMEA de produto	FMEA de processo
Lista de peças	Lista de peças
Desenhos	FMEA de produto da peça
Resultados de ensaios	Desenhos de fabricação
FMEAs de produtos similares	Planos de inspeção
FMEAs já realizadas para o produto	Estatísticas de falhas do processo
FMEAs já realizadas para serviço	Estudo de capacidade de máquina
Característica de qualidade dos serviços	

Todos os documentos devem integrar o processo de análise, ficando a cargo da equipe permanente a sua ordenação e guarda.

3.3.3 Considerações finais sobre a FMEA

Por um lado, a FMEA é um método muito bem estruturado para a identificação dos tipos de falha e é confiável para avaliação de produtos e processos; o conceito e a aplicação são de fácil assimilação, mesmo por principiantes, e a abordagem torna fácil a avaliação de sistemas complexos. Por outro lado, o processo da FMEA pode ser cansativo e consumir muito tempo (tornando-se caro); a abordagem não é adequada para quantidades muito grandes de falhas e é fácil esquecer erros humanos na análise.

A análise de criticidade, ou análise crítica, é utilizada para a identificação de uma falha potencial que pode paralisar todo o sistema ou inviabilizar a utilização do produto pelo cliente.

A FMEA é uma metodologia muito utilizada nas organizações. O modelo apresentado é uma regra geral. Existem variações da FMEA adaptadas às organizações e aos *softwares* que reescrevem seus modelos, entretanto com a mesma regra geral.

3.4 Manutenção centrada na confiabilidade (MCC)

De acordo com Seixas (2015, p. 1), a MCC é a "aplicação de um método estruturado para estabelecer a melhor estratégia de manutenção para um dado sistema ou equipamento". Fogliatto e Ribeiro (2009, p. 217) definem a MCC como "um programa que reúne várias técnicas de engenharia para assegurar que equipamentos de uma planta fabril continuarão realizando as funções especificadas".

É um processo sistemático utilizado para determinar o que deve ser feito para garantir que as instalações físicas sejam capazes de continuamente cumprir as funções projetadas para sua operação. A MCC conduz a um programa de manutenção que concentra a manutenção preventiva em tipos de falhas específicas prováveis de ocorrerem (Dhillon, 2002).

A identificação dos modos de falha e suas causas prováveis permite o relato dos efeitos e das consequências da falha, possibilitando a avaliação de criticidade e identificação do impacto. A metodologia permite selecionar as tarefas adequadas de manutenção direcionadas para os modos de falha identificados (Seixas, 2005). As estratégias de manutenção devem ser utilizadas de forma integrada para a exploração dos pontos fortes de cada uma. A figura a seguir apresenta os componentes de um programa de MCC.

Figura 3.4 – Componentes de um programa de MCC

MCC			
Reativa	Preventiva	Preditiva	Proativa
• Pequenos itens • Não críticos • Sem consequência • Improvável de falhar • Componentes redundantes	• Sujeito a desgaste • Modelo de falha conhecido • Vida útil definida	• Modelo de falha randômica • Não sujeitos a desgaste • Falhas induzidas pela MP	• Análise da causa-raiz da falha (RCFA) • FMEA/FMECA • Análise da árvore de falhas (FTA) • Teoria da renovação (RT) • Exploração da idade (AE)

Fonte: Adaptado de Seixas, 2015, p. 1.

Os princípios e as aplicações da MCC foram documentados na publicação de Nowlan e Heap (1978) intitulada "Manutenção centrada na confiabilidade". O trabalho demonstrou que a forte correlação entre idade (tempo) e falha não existia, e a premissa básica da manutenção com base no tempo (manutenção preventiva sistemática) era falsa para a grande maioria dos equipamentos.

Um programa de manutenção deve ser desenvolvido para um novo equipamento muito antes de esse item entrar em serviço. Embora seja possível obter grande quantidade de dados por meio de testes em cada peça, montagem e subsistema, as informações sobre sua confiabilidade real se dão com a colocação do equipamento em funcionamento. Aparentemente, o programa de manutenção torna-se deficitário; entretanto, devemos preliminarmente identificar quais informações são necessárias para a tomada de decisão.

A MCC propõe que a necessidade da informação seja suprida com a análise sobre as consequências das falhas dos equipamentos. O processo de decisão ocorre de forma inversa; assim, primeiro devem ser identificados os itens cujo impacto é significativo no nível dos equipamentos, para que, em seguida, a atuação da manutenção seja determinada.

Em cada passo da análise, a decisão é regulada pelas consequências da falha. Essa determinação estabelece a prioridade das ações da manutenção. Tomada a decisão, estamos em condições de analisar cada uma das formas de manutenção e estabelecer as ações que são aplicáveis ao problema.

3.4.1 Princípios utilizados pela MCC

Dhillon (2002) apresenta 11 princípios que devem ser considerados quando da implementação da MCC:

1. **MCC tem foco no sistema/equipamento**: MCC se preocupa mais com a manutenção da função do sistema que com a manutenção da função do componente individual.

2. **Segurança e economia conduzem a MCC**: a segurança é de suma importância; portanto, deve ser assegurada a qualquer custo. Em seguida, a rentabilidade passa a ser o critério.

3. **MCC é orientada para a função**: MCC desempenha um papel fundamental na preservação da função e não apenas da operacionalidade do sistema/equipamento.

4. **Limitações de projeto são reconhecidas pela MCC**: o objetivo da MCC é manter a confiabilidade inerente ao projeto do equipamento/sistema e, ao

mesmo tempo, reconhecer que as mudanças na confiabilidade só podem ser feitas por meio da alteração do projeto, e não de manutenção, pois ela tem seu limite no nível de confiabilidade projetado.

5. **MCC é centrada em confiabilidade**: a ênfase da MCC não se dá na simples taxa de falha; coloca a importância da relação entre a idade operacional e falhas.

6. **Uma condição insatisfatória é definida como uma falha por MCC**: a falha pode ser uma perda de qualidade aceitável ou uma perda de função.

7. **MCC é um sistema vivo**: MCC coleta informações a partir dos resultados alcançados e alimenta de volta o sistema para melhorar o projeto e a manutenção futura.

8. **Três tipos de tarefas de manutenção são recomendados pela MCC**: essas tarefas são definidas como falha de averiguação, tempo e condição. O objetivo das tarefas para encontrar as falhas é descobrir funções escondidas que falharam sem fornecer qualquer indicação; verificar se tarefas direcionadas em função do tempo estão programadas de acordo com o considerado necessário e se tarefas direcionadas em função da condição são conduzidas como indicavam sua necessidade. Procurar a falha é uma decisão consciente na MCC.

9. **Tarefas devem ser eficazes**: as tarefas devem ter custo compatível com a tecnologia e as condições de uso.

10. **MCC utiliza uma árvore lógica para tarefas de manutenção**: isso proporciona consistência na manutenção de todos os tipos de equipamentos.

11. **Tarefas devem ser aplicáveis**: as tarefas devem reduzir a ocorrência de falhas ou melhorar danos secundários resultantes da falha.

3.4.2 Etapas para análise pela MCC

De acordo com Seixas (2005, p. 2-3), para a realização das análises propostas pela MCC, são consideradas necessárias:

- a realização das seguintes perguntas padrão:
    1. Quais são as funções do sistema/equipamento e os padrões de desempenho associados?
    2. Como o sistema pode falhar ao realizar essas funções?
    3. O que pode causar a falha funcional?

4. O que acontece quando uma falha ocorre?
5. Quais podem ser as consequências quando ocorre uma falha?
6. O que pode ser feito para detectar e prevenir a ocorrência da falha?
7. O que deverá ser feito se uma tarefa de manutenção não pode ser identificada?

- a utilização das seguintes áreas de conhecimento e ferramentas técnicas de análise:
  - FMEA/FMECA: essa ferramenta analítica ajuda a responder às perguntas de 1 a 5.
  - Diagrama do fluxo de decisão da MCC: esse diagrama auxilia na resposta às perguntas 6 e 7.
  - Projeto, engenharia e conhecimento operacional do equipamento;
  - Técnicas de monitoramento da condição.
  - Tomada de decisão com base no risco, isto é, a frequência e consequência de uma falha em termos do impacto sobre segurança, ambiente e operações.
- a consideração dos seguintes pontos para elaboração da documentação, formalização do processo e implementação das ações:
  - Análise e tomada de decisão.
  - Melhoramento contínuo com base na experiência da manutenção e operação.
  - Auditoria clara dos caminhos das ações tomadas pela manutenção e maneiras de melhorá-las.

Uma vez que esteja documentado e implementado, o processo terá estabelecido um padrão para assegurar operações confiáveis de um sistema ou equipamento, visto que os maiores impactos estão identificados e devem ser mantidos dentro das especificações.

3.4.3 Considerações finais da MCC

A MCC implica a mudança de princípios e filosofias que encontramos até agora nos sistemas de manutenção. Essa mudança considera o funcionamento do sistema como ponto mais relevante do que encontrar uma falha na peça, entretanto não descarta a atuação na peça. A prioridade faz com que a abordagem de cima para baixo, isto é, da função maior para a função menor, seja levada em consideração.

A estratégia deve ser considerada quando estamos mantendo grandes sistemas e estes não podem falhar, pois comprometem o todo. Exemplificando, uma falha no motor do ônibus é significativamente mais impactante do que uma falha na abertura da janela desse mesmo ônibus. Essa postura permite que os sistemas mantenham-se em funcionamento, melhorando o desempenho organizacional.

■ Síntese

Neste capítulo, apresentamos métodos e ferramentas que, apesar de simples em sua leitura, exigem um grande esforço da organização e, em particular, do setor de manutenção em sua efetivação. Iniciamos com a demonstração de cinco ferramentas básicas da qualidade, que são essenciais ao desenvolvimento das tarefas da manutenção com qualidade. Os cinco sensos implementados como filosofia dão suporte à MPT e à utilização da FMEA de forma consistente. O *brainstorming* pode ser utilizado para a identificação de problemas e de sugestões para a solução de problemas da manutenção. Para que a organização seja uma marca do setor, o 5W2H determina um plano de ação e, encerrando as ferramentas básicas, a recomendação do *benchmarking* se dá em função da rápida evolução das técnicas de manutenção e de seus impactos mercadológicos. A MPT, cujos oito itens fundamentais apresentamos, representa uma evolução na aplicação das técnicas de manutenção, pois proporciona a participação do operador do equipamento ou máquina nas tarefas de manutenção básica, imputando-lhe um senso de responsabilidade. Além disso, apresentamos a FMEA, cada vez mais utilizada em diversos pontos da organização, aplicada na análise e identificação do modo e efeito da falha, podendo ser utilizada nos produtos, nos processos, nos serviços e nos sistemas. Concluímos com a MCC, um método que propõe a mudança filosófica na forma de abordar problemas encontrados em grandes equipamentos, invertendo a lógica de conserto do item para a manutenção do sistema, aumentando assim a confiabilidade, daí o nome "manutenção centrada na confiabilidade".

■ **Para saber mais**

NOWLAN, F. S.; HEAP, H. F. **Reliability-Centered Maintenance**. San Francisco, California: United Airlines, 1978. Disponível em: <http://reliabilityweb.com/ee-assets/my-uploads/docs/2010/Reliability_Centered_Maintenance_by_Nowlan_and_Heap.pdf>. Acesso em: 28 jun. 2015.

Essa publicação de 1978 foi a que primeiramente identificou a MCC, apresentando de forma detalhada suas características.

Exercícios resolvidos

1. As ferramentas para o aumento da qualidade são utilizadas para auxiliar o profissional da manutenção na elaboração de suas atividades. Indique os benefícios esperados com a aplicação das ferramentas 5S e 5W2H.

    Resposta: A ferramenta 5S pretende "educar" os profissionais no sentido (senso) de liberar, organizar, manter limpo com higiene e segurança, de forma contínua. Já o 5W2H fornece um formato para a elaboração de um plano de execução/trabalho que pode ser representado de forma muito simples ou muito complexa, demonstrando a sua flexibilidade.

2. O que é a MPT? Em que ela se baseia?

    Resposta: É definida como "a manutenção executada por todos os empregados por meio de pequenas atividades em grupo" (Slack; Chambers; Johnston, 2002, p. 647). A MPT adota princípios de trabalho em equipe e delegação de poderes, bem como a utilização de melhoria contínua em seus processos para a redução de falhas.

3. O que é a metodologia FMEA? Como foi idealizada? Para que é utilizada?

    Resposta: A metodologia da FMEA foi desenvolvida pelo exército norte-americano por meio do procedimento militar MIL-P-1629 (United State of America, 1949). É intitulada "Procedimento para desempenhar um modo de falha, seus efeitos e análise da sua criticidade", usada como técnica de avaliação da confiabilidade para determinar o efeito das falhas num sistema ou num equipamento.

4. Com relação à FMEA, que se propõe a atuar nas falhas, relacione a primeira coluna com a segunda, de acordo com o significado equivalente:
   a. FMEA de produto
   b. FMEA de processo
   c. FMEA de serviço
   d. FMEA de sistema

   ( ) Analisa as falhas no planejamento e execução do processo.
   ( ) Visa prevenir a ocorrência de falhas durante a produção dos serviços, de modo que estes sempre atendam às expectativas dos clientes.
   ( ) Analisa o *design* de um produto durante a sua fase de concepção, sendo parte do critério de seleção do conceito.
   ( ) Analisa as falhas que poderão ocorrer com o produto de acordo com as especificações do projeto.

   Resposta: b, c, d, a.

5. Assinale a seguir a(s) alternativa(s) que **não** corresponde(m) às ferramentas e áreas de conhecimento que são empregadas para realizar a análise da MCC:
   a. FMEA/FMECA.
   b. Diagrama de afinidades para a MCC.
   c. Projeto, engenharia e conhecimento operacional do equipamento.
   d. Ciclo PDCA da qualidade.
   e. Tomada de decisão com base no risco.

   Resposta: Alternativas b, d.

■ Questões para revisão

1. As folhas de verificação e/ou registro trazem benefícios para o setor de manutenção. Liste pelo menos três deles e justifique suas escolhas.

2. O que é a metodologia da MCC? Quando foi desenvolvida?

3. Com relação à MPT, que se propõe a atuar nas perdas, relacione a primeira coluna com a segunda, considerando o significado equivalente:

a. Perdas por quebra/ falha de equipamento
b. Perdas por mudança/ regulagem (*setup*)
c. Perdas por paradas temporárias
d. Perdas por entrada em regime e queda de rendimento (*startup*)
e. Perdas por qualidade insatisfatória

( ) Contribuem para a maior parte na queda de rendimento dos equipamentos.
( ) São as perdas em razão do atraso da estabilização do processo causado pela instabilidade da própria operação.
( ) Referem-se a produtos defeituosos e retrabalhos, a todas as operações relativas a retrabalho e à eliminação dos produtos defeituosos.
( ) Não se trata de uma quebra, são interrupções momentâneas ocasionadas por um problema qualquer.
( ) Essas perdas são inevitáveis e ocorrem quando se efetua uma mudança de linha com interrupção do ciclo para preparar a máquina para outro produto.

4. Assinale a seguir a(s) alternativa(s) que **não** corresponde(m) às práticas da MPT:
   a. Analisar de que forma as instalações contribuem para os objetivos da organização, averiguando os processos de perdas.
   b. Realizar a manutenção autônoma com a delegação de responsabilidades.
   c. Planejar a manutenção, tendo uma abordagem que funcione totalmente para todas as atividades de manutenção, não incluindo o nível de manutenção preventiva, que é requerido para cada peça do equipamento.
   d. Treinar toda a equipe em habilidades multifuncionais de modo que ela possa desempenhar todas as habilidades exigidas na organização.
   e. Diminuir a manutenção como um todo por meio da manutenção preventiva, considerando as causas das falhas e as tolerâncias do equipamento durante as etapas de elaboração projeto, fabricação, seleção e instalação.

5. Assinale a seguir a(s) alternativa(s) que **não** corresponde(m) às ações corretivas que podem ser adotadas para atuação com a FMEA:
   a. Medidas de prevenção total ao tipo de falha.
   b. Medidas de prevenção total de uma causa de falha.
   c. Medidas que facilitam a ocorrência de falhas.
   d. Medidas que não limitam o efeito do tipo de falha.
   e. Medidas que aumentam a probabilidade de detecção do tipo ou da causa de falha.

■ Questões para reflexão

1. Com o conhecimento adquirido neste capítulo, você acredita que a manutenção centrada na confiabilidade possa coexistir com a manutenção produtiva total? Lembre-se de que os funcionários deverão ser instruídos nos dois métodos para que isso aconteça.

2. Quais outras três ferramentas da qualidade podem ser associadas à FMEA? Existe alguma limitação na aplicação dessas ferramentas? Se sim, quais podem ser? Se não, indique essas limitações.

3. Como gerente dos sistemas de manutenção da sua empresa, você aceitaria o convite de outra empresa para realizar um *brainstorming* entre as organizações? No caso de a resposta ser positiva, quais restrições você recomendaria ao seu superior?

4 Confiabilidade, disponibilidade, mantenabilidade, efetividade

Conteúdos do capítulo

- *Características e medidas da confiabilidade.*
- *Características e medidas da disponibilidade.*
- *Características e medidas da mantenabilidade.*
- *Características e medidas da efetividade de equipamentos.*
- *Indicadores e custos de manutenção.*

Após o estudo deste capítulo, você será capaz de:

1. *compreender e calcular o indicador de confiabilidade;*
2. *compreender e calcular o indicador de disponibilidade;*
3. *compreender e calcular o indicador de mantcnabilidade;*
4. *compreender e calcular o indicador de efetividade de equipamento;*
5. *interpretar os custos de manutenção e relacionar seus índices.*

Apresentamos neste capítulo os temas necessários à compreensão dos procedimentos para a obtenção da confiabilidade, da mantenabilidade e da disponibilidade dos sistemas de produção, bem como os critérios para a prevenção de falhas dentro dos sistemas de manutenção. Abordamos também a caracterização dos itens de confiabilidade, mantenabilidade, disponibilidade e efetividade de equipamentos. Relacionamos diversos indicadores de custos e apresentamos uma estrutura básica de custos com indicadores que permitem medir o desempenho geral dos sistemas de medição.

4.1 Confiabilidade

Devemos entender por *confiabilidade* a probabilidade de um produto (equipamento, circuito, máquina, peça, sistema, componente etc.), fabricado em conformidade com dado projeto, operar durante um período especificado de tempo (o tempo de vida útil) sem apresentar falhas identificáveis. Levamos em consideração a manutenção efetuada conforme as instruções do fabricante, o fato de o produto não ter sofrido tensões superiores àquelas estipuladas por limites indicados pelo fornecedor e a condição de não ter sido exposto a condições ambientais adversas em conformidade com os termos de fornecimento ou aquisição (Nepomuceno, 1989, p. 63).

O requisito básico de desempenho da fábrica é a confiabilidade do equipamento, pois alguns fatores, tais como a qualidade do produto, rentabilidade e flexibilidade e capacidade de produção, impactam nesse desempenho. Ao longo dos anos, vários estudos foram realizados para determinar a causa da pouca confiabilidade do equipamento. Destacadamente, alguns itens compõem seis categorias. São elas: vendas e *marketing*, programação da produção, manutenção, práticas da produção, compras e engenharia da fábrica.

A confiabilidade é um atributo inerente ao projeto do produto. Representa a capacidade potencial de uso que dificilmente será atingida em condições habituais, exceto quando o item é fabricado conforme o projeto e mantido exatamente nas condições prescritas pelo fornecedor. Portanto, podemos considerar que a confiabilidade é relativa ao equipamento e sua investigação, havendo uma redução das necessidades de manutenção do equipamento no esforço de evitar avarias.

Um elemento que representa o nível de confiabilidade é o chamado de *taxa* (razão) *de falha* (λ), representado pela probabilidade de que um sistema não responda adequadamente, em razão da quantidade de falhas que ocorrem durante sua operação. Pode ser traduzido por:

$$\lambda = \frac{\text{Número de falhas ocorridas}}{\text{Número de horas de operação}}$$

Definida a taxa de falha, podemos obter o chamado *tempo médio entre falhas* (TMEF), que é representado por:

$$\text{TMEF} = \frac{1}{\lambda}$$

Para entendermos os conceitos, devemos avaliar qual é o significado de *falhas* em um sistema e, de modo geral, temos de considerá-los no produto ou no equipamento em que as falhas podem ser aleatórias ou decorrentes do uso. É também normal esperarmos falhas, em algum instante, nos equipamentos (Martins; Laugeni, 2005, p. 361).

O gráfico a seguir apresenta um modelo típico do número de falhas em função do tempo; outros gráficos existem para produtos específicos. A curva descreve a probabilidade de falhas sob três etapas: a primeira corresponde às **falhas de partida**, que ocorrem quando iniciamos ou ligamos o equipamento ou produto pela primeira vez; a segunda refere-se às **falhas aleatórias**, que indicam que o equipamento ou produto apresenta o desempenho normal; e, finalmente, as **falhas por desgaste**, que indicam que o equipamento ou produto aproxima-se do final de sua vida útil.

Gráfico 4.1 – Comportamento de falhas durante o ciclo de vida

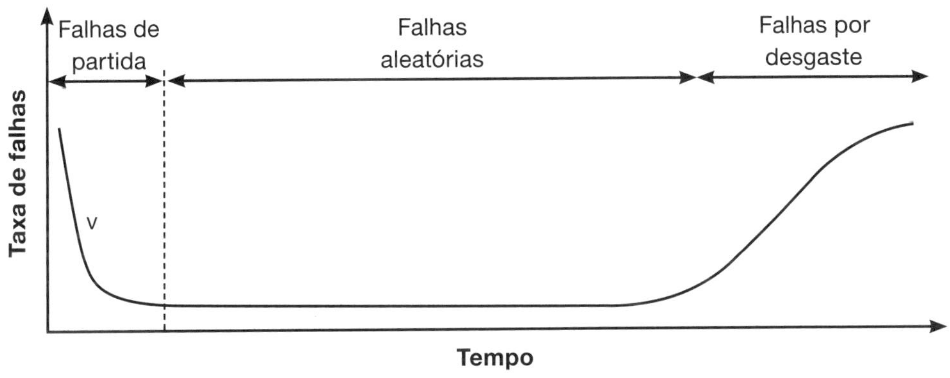

Fonte: Adaptado de Martins; Laugeni, 2005, p. 520.

Durante o período de vida inicial (falhas de partida, mortalidade infantil ou fase de depuração) do equipamento, item ou sistema, muitos problemas podem ocorrer, fazendo com que as falhas aconteçam. Listamos a seguir alguns motivos para a ocorrência dessas falhas, os quais, se estiverem sob controle, reduzirão as falhas iniciais:

- baixo controle de qualidade;
- materiais inadequados;
- procedimentos de uso incorreto;
- baixas especificações na fase de teste;
- peças muito exigidas;
- instalação mal feita;

- processo de fabricação mal estruturado;
- teste final incompleto;
- baixo treinamento do representante técnico;
- picos de energia.

Devemos entender perfeitamente o que causa as falhas no equipamento, produto ou sistema, pois mediante esse entendimento poderemos minimizar a ocorrência e melhorar a confiabilidade no equipamento e o seu desempenho. Estaremos, assim, preparados para lidar com qualquer situação, mesmo quando elas não são previsíveis.

No período de vida útil (região das falhas aleatórias), a taxa de falha é constante e as falhas ocorrem aleatoriamente ou de forma imprevisível. Algumas das causas de falhas nessa região incluem *design* insuficiente, ambientes incorretos para uso, defeitos indetectáveis, erro e abuso humano e falhas inevitáveis (ou seja, aquelas que não podem ser evitadas, mesmo com as melhores e eficazes práticas de manutenção).

O período de desgaste começa quando o período de vida útil do item expira. Durante o período de desgaste, a taxa de falha aumenta. São causas para a ocorrência de falhas por desgaste nessa região: o envelhecimento, a manutenção preventiva inadequada ou indevida, a vida limitada dos componentes em razão do desgaste por atrito, do desalinhamento, da corrosão e da deformação e das práticas de revisão incorretas. As falhas de desgaste podem ser reduzidas significativamente pela execução da substituição de elementos e pelo estabelecimento de políticas e ações de manutenção preventiva.

De acordo com Slack, Chambers e Johnston (2002), devemos considerar três tarefas para a prevenção e recuperação de falhas:

1. **A detecção e análise de falhas**: consiste em descobrir o que está errado, bem como a causa do problema. Uma das técnicas para a detecção de falhas é a realização de diagnósticos nas máquinas antes de serem colocadas em operação. As máquinas passarão por um processo (sequências de atividades) de testes para revelar quaisquer falhas. Para a realização da análise de falhas, pode-se ter: investigação de acidentes, melhoria na confiabilidade do produto por meio de sua rastreabilidade, análise de queixas, análise crítica de incidentes, análise do modo e efeito da falha (FMEA), análise da árvore de falhas, entre outros recursos.

2. **A melhoria na confiabilidade**: tem o intuito de fazer com que o equipamento não dê mais problema. Algumas técnicas para esse procedimento são: a eliminação de pontos de falhas potenciais no projeto, redundância na utilização de equipamento-reserva, dispositivos para identificar falhas, tais como o chamado *poka-yoke* e a própria manutenção.

3. **A recuperação da falha**: deve ser realizada logo após a ocorrência do fato, e não antes ou muito tempo depois. Todos os tipos de operação podem se beneficiar de uma recuperação bem planejada. Esse planejamento de recuperação de falhas compreende a descoberta exata da natureza da falha, o planejamento de atuação na falha, o aprendizado oriundo da ocorrência e da atuação da falha, além da prevenção e do planejamento para que ela não ocorra novamente, procedimentos apresentados neste subitem.

4.2 Disponibilidade

O conceito de *disponibilidade* consiste na medida que indica a proporção do tempo total em relação ao tempo que o dispositivo está disponível para utilização. Embora possamos fazer o cálculo de custo de manutenção avaliando o tempo médio entre os defeitos sucessivos e o tempo médio consumido para a execução do reparo, utilizamos um outro método de verificação. A disponibilidade permite executar tal avaliação por meio de um único número que apresenta grandes vantagens, principalmente no caso de um produto qualquer utilizado em grandes quantidades. É definida e calculada pela expressão:

$$D = \frac{\text{Tempo disponível para utilização}}{\text{Tempo disponível + tempo ocioso (reparo)}}$$

Observamos que o tempo disponível é aquele durante o qual a máquina, produto ou equipamento encontra-se apto a operar sem problemas e está disponível para cumprir as funções que lhe foram destinadas. O tempo ocioso é o período durante o qual o dispositivo não apresenta condições de funcionamento por estar sofrendo manutenção ou intervenção em virtude de uma operação inadequada.

A disponibilidade pode ser escrita também da seguinte forma:

$$D = \frac{MTBF}{MTBF + MTTR}$$

Em que:

MTBF = *Mean time between failures* ou TMEF = Tempo médio entre falhas
MTTR = *Mean time to repair* ou TMPR = Tempo médio para reparos

Da equação apresentada, podem ser derivadas outras equações mais específicas que indicam a verificação da disponibilidade de acordo com as necessidades de registro e controle da organização.

Se considerarmos que o tempo de reparo se dá em função do número de reparos efetuados e do tempo total de reparo, poderemos, a partir daí, estabelecer a taxa de reparos para a determinação do tempo médio para reparos. Assim, temos a seguinte equação:

$$\mu = \frac{\text{Número de reparos efetuados}}{\text{Número total de horas de reparo}}$$

e,

$$\text{MTTR} = \frac{1}{\mu},$$

permitindo assim o cálculo da disponibilidade do equipamento a partir do tempo médio para reparos.

4.3 Mantenabilidade

O conceito de *mantenabilidade* foi desenvolvido logo no início da Revolução Industrial, quando já havia a preocupação de se manter o bom uso do maquinário. A mantenabilidade iniciou-se como uma série de regras e linhas de ação, desenvolvidas em resposta às exigências dos mecânicos, que executavam a manutenção dos produtos que haviam sido projetados e fabricados (Nepomuceno, 1989, p. 65). Posteriormente, alguns teóricos introduziram alguns conceitos e equações, visando à aplicação de técnicas de confiabilidade nesse novo campo. Normalmente, conceituamos a mantenabilidade como o constituinte de um produto projetado com determinada finalidade, como a característica garante que esse produto satisfaça as funções para as quais foi destinado, podendo ser sustentada durante a vida útil dele com o mínimo de custo e trabalho.

De acordo com Kardec e Nascif (2013, p. 134), por meio da definição apresentada por François Monchy, *mantenabilidade* é a "probabilidade de restabelecer a um sistema suas condições de funcionamento específicas em limites de tempo desejados, quando a manutenção é conseguida nas condições e com meios prescritos". Em outras palavras, é a probabilidade de que um equipamento volte à operacionalidade dentro de um determinado tempo, o que pode ser traduzido pela seguinte equação:

$$M(t) = 1 - e^{-\mu t}$$

Em que:

$M(t)$ = Função *mantenabilidade* (reparo se inicia no tempo $t = 0$ e conclui no tempo t);

e = logaritmo neperiano ($e = 2{,}718$);

μ = taxa de reparos ou número de reparos efetuados em relação ao total de horas de reparo do equipamento;

t = tempo previsto de reparo.

A mantenabilidade diz respeito à investigação das atividades de trabalho, isto é, à realização eficiente do trabalho de manutenção do equipamento no esforço para o conserto imediato da avaria. *Capacidade de manutenção* é um parâmetro de concepção que se destina a reduzir o tempo de reparação, em oposição à *manutenção*, que é o ato de reparação de um item ou equipamento.

Os projetistas de máquinas e equipamentos com grande experiência no assunto desenvolveram algumas diretrizes com o objetivo de facilitar a manutenção do produto quando ele operasse por longo período, nem que tais diretrizes fossem baseadas exclusivamente em intuição.

O principal objetivo da manutenção é maximizar a capacidade dos equipamentos e instalações disponíveis. Considerando esse fator, podemos afirmar que a manutenção também deverá otimizar os recursos à sua disposição na aplicação de suas ações, realizando manutenções em tempos mais curtos e com menores custos.

4.3.1 Características da mantenabilidade

Para projetarmos um sistema de mantenabilidade, devemos estudar diversas características e alguns itens de análise que estão relacionados a ela, tais como: *design* modular, permutabilidade, fatores humanos, segurança, pontos de teste, padronização, elementos de controle, iluminação, peso, lubrificação, acessibilidade, instalação, necessidades de treinamento, ajustes e calibração, ferramentas, etiquetagem e codificação, equipamentos de teste, manuais, ambiente de trabalho, portas e rampas, tamanho e forma, indicação de falha (localização), conectores e conexões de teste e adaptadores. Destacamos a seguir aqueles considerados mais relevantes (Dhillon, 2002).

4.3.1.1 Acessibilidade

Pode ser descrita como a facilidade com a qual um item pode ser alcançado para substituição, serviço ou reparo. *Inacessibilidade* é uma causa frequente de ineficácia da manutenção, assim um importante problema de mantenabilidade. Muitos fatores podem afetar a acessibilidade. Alguns deles são os seguintes:

- localização do item associado ao seu ambiente;
- frequência de entrada, acesso a aberturas;
- distância a ser vencida para acessar a parte do componente;
- tipo de tarefas de manutenção a serem executadas por meio das aberturas de acesso;
- necessidades visuais do pessoal que executa as tarefas;
- tipos de ferramentas e acessórios necessários para realizar as tarefas especificadas;
- folgas adequadas de trabalho, para a realização das tarefas especificadas;

- grau de risco envolvido na utilização das aberturas de acesso;
- montagem de embalagem de itens por trás das aberturas de acesso;
- tempos necessários para execução das tarefas especificadas;
- tipo de roupas usadas pelas pessoas envolvidas.

Uma análise dos pontos apresentados permite afirmar que as aberturas de acesso à manutenção são um dos grandes problemas de acessibilidade. Apresentamos a seguir algumas diretrizes para o projeto das aberturas de acesso:

- A realização das tarefas de manutenção deve ser efetuada com comodidade.
- As aberturas de acesso devem estar a uma distância segura de partes perigosas.
- O acesso às peças ou aos componentes que requerem a manutenção deve ser direto.
- As aberturas devem estar acessíveis, de forma eficaz, em condições normais de instalação do equipamento ou sistema.
- O tamanho das aberturas deve permitir a retirada e inclusão de qualquer peça sujeita à manutenção.
- A localização de acessos deve ser compatível com a altura de trabalho dos carrinhos.

4.3.1.2 Modularização

É a divisão de um produto em unidades funcionais fisicamente distintas para permitir sua remoção e/ou substituição. O grau de modularização em um sistema ou produto depende de fatores como custo, praticidade e função. Todo esforço deve ser feito para se usar construção modular, uma vez que esta ajuda a reduzir os custos de uma forma geral.

A modularização apresenta algumas vantagens: relativa facilidade em promover a substituição do sistema; quantidade reduzida de treinamento para o pessoal da manutenção; tempo reduzido de manutenção, considerando a realização da troca e localização da falha; possibilidade de troca por um novo e melhorado sistema; menor tempo de equipamento parado.

Os módulos descartáveis são projetados para serem descartados em vez de reparados após a ocorrência de uma falha. São utilizados em situações nas quais o reparo é muito caro ou de difícil realização. Como desvantagens, temos a necessidade de disposição de módulos em estoque, o que aumenta a necessidade de capital investido pela organização.

4.3.1.3 Permutabilidade

Permutabilidade pode ser definida como um aspecto intencional de projeto em que um item pode ser substituído por outro semelhante e, dessa forma, atender às funções para as quais foi projetado. Existem dois tipos distintos de permutabilidade: física e funcional. Na **permutabilidade física**, dois itens podem ser usados e montados, um em cada local e do mesmo modo. Na **permutabilidade funcional**, dois itens podem executar a mesma função.

Os princípios básicos da permutabilidade incluem: folga na tolerância dos itens, exigindo substituição frequente e manutenção de peças em função do desgaste ou de danos; assim, cada parte deve ser completamente intercambiável com outra parte semelhante.

A seguir, expomos informações que são úteis para se alcançar a máxima permutabilidade de peças e unidades em um sistema:

- Quando permutabilidade física é uma característica de projeto, é necessário certificar-se de que há também a permutabilidade funcional.
- Quando permutabilidade funcional não é desejável, não há necessidade de permutabilidade física.
- É necessário evitar diferenças no tamanho, forma, montagem e outras características.
- Todas as peças ou componentes idênticos devem ser identificados.
- É necessário fornecer informações suficientes nas instruções de trabalho e sobre a identificação se dois itens são intercambiáveis.
- Não é possível fornecer adaptadores para tornar a permutabilidade física possível em situações de intercambialidade.
- É necessário certificar-se de que as modificações não alteram o método de montagem e conexão.

4.3.1.4 Padronização

Pode ser descrita como a obtenção de uniformidade máxima em projeto de um item. Apesar de a normalização ser um objetivo central do projeto, o uso de peças fora do padrão pode resultar em menor confiabilidade e maior manutenção. Na padronização, alguns dos objetivos importantes a serem considerados são: redução do número de modelos diferentes, maximização do uso de peças comuns em produtos diferentes, controle e simplificação do estoque de manutenção, redução do número de problemas, minimização do uso de diferentes tipos de peças ou módulos.

São vantagens da padronização de sistemas, itens e produtos:
- redução no tempo de projeto, no custo de fabricação e no tempo de manutenção;
- eliminação da necessidade de peças com tolerâncias especiais;
- redução de erros de instalação causados por variações nas características de itens ou unidades similares;
- redução da probabilidade de acidentes resultantes de procedimentos incorretos;
- redução do uso incorreto de peças ou componentes;
- facilitação do reaproveitamento de itens e componentes para a manutenção;
- melhoria na confiabilidade;
- redução na aquisição e estocagem de itens e componentes.

Percebemos que a mantenabilidade enseja a utilização de parâmetros que devem tornar o processo de manutenção mais simplificado; assim, outros elementos específicos de cada conjunto de produtos específicos podem e devem ser considerados no projeto do produto e nos itens de manutenção associados.

4.3.2 Projetando a mantenabilidade

Segundo Dhillon (2002), um projeto eficiente e eficaz de mantenabilidade só pode ser alcançado se considerarmos as questões que surgem durante o ciclo de vida do sistema. Isso significa que o programa de manutenção deve incorporar um diálogo entre o fabricante e o usuário durante todo o ciclo de vida do sistema. Esse diálogo se refere às necessidades de manutenção do usuário e também às necessidades de especificações do fabricante; sendo assim, o ciclo de vida de um sistema pode ser dividido em quatro fases:
- **Fase I**: Desenvolvimento de conceitos
- **Fase II**: Validação
- **Fase III**: Produção
- **Fase IV**: Operação

4.3.2.1 Fase I: Desenvolvimento de conceitos

A fase I é representada pela identificação das áreas de alto risco e a conversão das necessidades de operação do sistema em um conjunto de requisitos operacionais. A preocupação principal de manutenção durante essa fase é a determinação das necessidades e dos critérios de eficácia do sistema. Os seguintes itens devem ser observados:

- detalhamento da missão e dos modos de operação do sistema;
- avaliação das taxas de utilização do sistema;
- detalhamento dos objetivos globais e suporte, bem como dos conceitos;
- avaliação da duração do ciclo de vida do sistema.

4.3.2.2 Fase II: Validação

A fase II caracteriza-se pelo detalhamento dos itens desenvolvidos na fase anterior. O principal objetivo da validação é assegurar que a implementação geral não seja iniciada, até que fatores como custos, desempenho, objetivos de suporte e horários sejam eficazmente preparados e avaliados.

Nessa fase, a gestão da manutenção trata especificamente das tarefas que listamos a seguir:

- preparação do programa de mantenabilidade e dos planos de demonstração, bem como dos requisitos contratuais;
- determinação da confiabilidade, facilidade de mantenabilidade e eficácia do sistema;
- elaboração de políticas e procedimentos para a validação de mantenabilidade e acompanhamento do esforço de engenharia;
- coordenação e acompanhamento dos esforços de mantenabilidade em toda a organização;
- realização de previsões de manutenção e alocações;
- participação em análises de *trade-off*;
- assistência à engenharia de manutenção no desempenho de análises relacionadas à mantenabilidade;
- preparação dos planos para a coleta de dados e análise;
- estabelecimento dos incentivos de mantenabilidade e penalizações;

- participação em revisões de projeto em relação à mantenabilidade;
- desenvolvimento da mantenabilidade com base nas diretrizes estabelecidas no projeto de engenharia com o auxílio das análises da engenharia de manutenção.

4.3.2.3 Fase III: Produção

Na Fase III, o sistema é criado, testado e entregue, e, em alguns casos, instalado em função dos dados técnicos originados das fases I e II. Embora os esforços de projeto de engenharia de mantenabilidade já estejam realizados, as tarefas relacionadas com a facilidade de mantenabilidade são as que listamos a seguir:

- acompanhar todo o processo de produção;
- examinar as tendências obtidas nos testes de produção em relação a efeitos adversos sobre itens, tais como mantenabilidade, conceitos de manutenção e preparação dos planos;
- apreciar as propostas de mudança no que diz respeito ao seu impacto na sustentabilidade;
- assegurar a correção adequada de discrepâncias que podem ter um impacto adverso na mantenabilidade;
- participar de estabelecimento de controles para variações do processo.

4.3.2.4 Fase IV: Operação

Na fase IV, o sistema é colocado em operação e ajustado até que fique conforme planejado. Durante essa fase, ainda são realizadas revisões, treinamento, detalhamento daquilo que ainda não foi esclarecido anteriormente. Embora as ações de mantenabilidade devam ser executadas, é nessa fase que se verifica se o projetado está de acordo com o real e deve servir de ajustes para novos projetos.

4.4 Medindo a efetividade do equipamento

Os indicadores de manutenção têm a finalidade de verificar o desempenho das ações realizadas pelo setor de manutenção. A utilização de indicadores que, combinados, medem a eficácia dos equipamentos é uma forma indireta de avaliar a manutenção. O cálculo da disponibilidade combinado com a qualidade dos produtos elaborados por um equipamento adequadamente calibrado indica a eficiência desse equipamento em trabalhar em condições de regime, ou seja, sem paradas surpresas ou baixo desempenho, fatores ligados a uma manutenção adequada.

Em uma situação ideal, o equipamento teria a sua utilização máxima com o mais alto grau de eficiência e com a produção de produtos sem defeitos. Entretanto, isso não ocorre em uma situação real na fábrica, onde esse equipamento está sujeito a diversos "problemas". Entre eles, podemos citar os seguintes: tempo perdido na partida, ajustes, avarias, mudanças de produto, intervalos para almoço e outros, esperas de material, limpezas, trocas de ferramentas e outras reduções não programadas. Ao excluirmos esses itens, resta-nos o tempo destinado à produção.

Na Seção 3.2 do Capítulo 3, listamos e detalhamos as seis perdas consideradas, distinguindo-as em perdas de disponibilidade, perdas de efetividade e perdas de qualidade. Entretanto, essas perdas foram listadas focando-se nos equipamentos produtivos idealizados por Nakajima (1988), que definiu as principais perdas originadas pelos próprios equipamentos ou pelo modo como são operados, criando-as com base na análise de três possíveis origens: perdas causadas pelas paradas não planejadas; perdas resultantes do não funcionamento do equipamento à velocidade/cadência nominal; e perdas com a produção de produtos defeituosos, que deram origem a:

- perdas por quebra/falha de equipamento;
- perdas por mudança de linha/regulagem (*setup*);
- perdas por paradas temporárias;
- perdas por baixa velocidade;
- perdas por qualidade insatisfatória e retrabalho;
- perdas por entrada em regime e queda de rendimento (*startup*).

Não se consideram no conceito dessas seis grandes perdas as paradas planejadas para o equipamento, portanto a resultante da efetividade do equipamento não deve considerar:

- tempo para refeições do operador e pausas obrigatórias;
- tempo programado para manutenção autônoma pelo operador;
- tempo programado para manutenção planejada (preventiva, inspeções, corretiva);
- tempo para formação do operador;
- tempo para reuniões (desde que previstas no plano de produção);
- testes de produção (novos produtos);
- ausência de programa de produção.

4.4.1 Calculando a eficácia do equipamento

Do mesmo modo que as perdas de produção relacionadas com os equipamentos têm três origens, a efetividade dos equipamentos é composta por três fatores representativos dessas três origens:

- Disponibilidade, representada pela seguinte equação:

$$D = \frac{\text{Tempo produzindo}}{\text{Tempo programado}}$$

- Eficiência, representada pela seguinte equação:

$$P = \frac{\text{Produção real}}{\text{Produção teórica}}$$

- Qualidade, representada pela seguinte equação:

$$Q = \frac{\text{Peças boas}}{\text{Peças reais}}$$

O quadro que apresentamos a seguir mostra esquematicamente as relações entre os tempos considerados para a avaliação da eficiência do equipamento.

Quadro 4.1 – Relação de tempos na avaliação de equipamentos

		Tempo total		
A	**Tempo programado**		Horário não planejado	Horário não alocado
B	**Tempo produzido**	Perdas disponibilidade: • Quebra de máquina • Ociosidade – *setup*		
C	**Produção teórica**	Perdas totais		
D	**Produção real**	Perdas de *performance*: • Velocidade reduzida • Pequenas paradas	Horário de não responsabilidade da equipe de produção	Horário em que a fábrica está com as portas fechadas
E	**Produção total boas + ruins**			
F	**Boas**	Perdas de qualidade: • Refugos de partida • Refugos de produção		
	Disponibilidade B/A	***Performance* D/C**	**Qualidade F/E**	
	Avaliação da efetividade do equipamento Qualidade × *performance* × disponibilidade			

Podemos exemplificar com a utilização de um equipamento que trabalhou em um turno de 6 horas, com tempo de *setup* de 50 minutos, e sofreu uma parada de 15 minutos. Produziu no período um produto cujo tempo de ciclo é de 10 segundos e com produção total de 1.500 peças elaboradas, tendo sido refugadas 25 peças. Com base nesses dados, calcularemos a efetividade do equipamento.

Do enunciado no parágrafo anterior podemos extrair as seguintes informações:

- Tempo programado é igual ao tempo do turno em minutos, ou seja, 360 minutos
- Tempo de *setup* = 50 minutos
- Tempo de parada não prevista = 15 minutos

Cálculo do índice de disponibilidade:

$$D = \frac{(360 - 50 - 15)}{360} = 0,8194$$

Cálculo do índice da *performance*:

Produção teórica = 295 · 60 seg/10 seg/peça = 1.770 peças

$$P = \frac{1.500}{1.770} = 0,8474$$

Cálculo do índice da qualidade:

$$Q = \frac{(1.500 - 25)}{1.500} = 0,9833$$

Cálculo da efetividade do equipamento: (D · P · Q) · 100%

Efetividade = (0,8194 · 0,8474 · 0,9833) · 100 = 68,27%

Muitas organizações utilizam o índice de efetividade na forma proposta ou com variações que permitem um controle maior dos dados e desempenho do equipamento. O índice considera que a relação entre os indicadores é em série, indicando que o impacto negativo ou positivo em um dos índices tem um sério impacto no índice geral de efetividade.

4.5 Abordagem de custos na manutenção

A média dos valores atribuídos ao tipo de manutenção feita pelas organizações presente na última pesquisa realizada pela Associação Brasileira de Manutenção (Abraman, 2013) indica uma predominância da manutenção preventiva em detrimento das demais. A Tabela 4.1 apresenta os dados relativos a partir de 2001.

Tabela 4.1 – Aplicação de recursos de pessoal por tipos de manutenção (%)

Ano	Manutenção			
	Corretiva	Preventiva	Preditiva	Outros
2001	28,05	35,67	18,87	17,41
2003	29,98	35,49	17,76	16,77
2005	32,11	39,03	16,48	12,38
2007	25,61	38,78	17,09	18,51
2009	26,69	40,41	17,81	15,09
2011	27,40	37,12	18,51	16,92
2013	**30,86**	**36,55**	**18,82**	**13,77**

Fonte: Adaptado de Abraman, 2013.

Ao analisarmos os valores, percebemos que o maior dispêndio de recursos se concentra no tipo da manutenção preventiva. Isso se dá pelo fato de que as organizações preferem a realização de desembolsos programados, característica essencial da manutenção preventiva. Outra característica essencial é que grande parte das informações sobre a realização da manutenção é fornecida e tratada em conjunto com o fabricante do equipamento, impedindo, quando feita de forma adequada, a realização da manutenção corretiva.

A manutenção corretiva é aquela que traz para a organização os maiores custos referentes à sua realização, pois interrompe a operação produtiva incorporando a ela os custos da parada de produção. Já a manutenção preditiva necessita muitas vezes de investimentos iniciais altos em equipamento, tecnologia e pessoal qualificado.

Podemos dividir preliminarmente os custos de manutenção em custos de material, de pessoal e dos serviços não executados internamente às organizações. De acordo com a Tabela 4.2, percebemos que a maior parcela relativa é a de pessoal, com aproximadamente 1/3 de todos os custos, para então seguir-se a de material e, por fim, a de serviços.

Tabela 4.2 – Composição dos custos de manutenção (%)

Ano	Composição dos custos de manutenção			
	Pessoal	Material	Serviços	Outros
2001	34,41	29,36	26,57	9,66
2003	33,97	31,86	25,31	8,86
2005	32,53	33,13	24,84	9,50
2007	32,35	30,52	27,20	9,93
2009	31,09	33,43	27,27	8,21
2011	31,13	33,35	27,03	8,49
2013	34,02	21,96	27,50	16,52

Fonte: Adaptado de Abraman, 2013, p. 12.

Percebemos que a estrutura de custos se mantém proporcional nos últimos anos, com uma variação no custo do consumo de materiais para o ano de 2013. O Gráfico 4.2 apresenta uma análise ao longo dos últimos dez documentos da Abraman (2013), a partir de 1995.

Gráfico 4.2 – Composição dos custos de manutenção

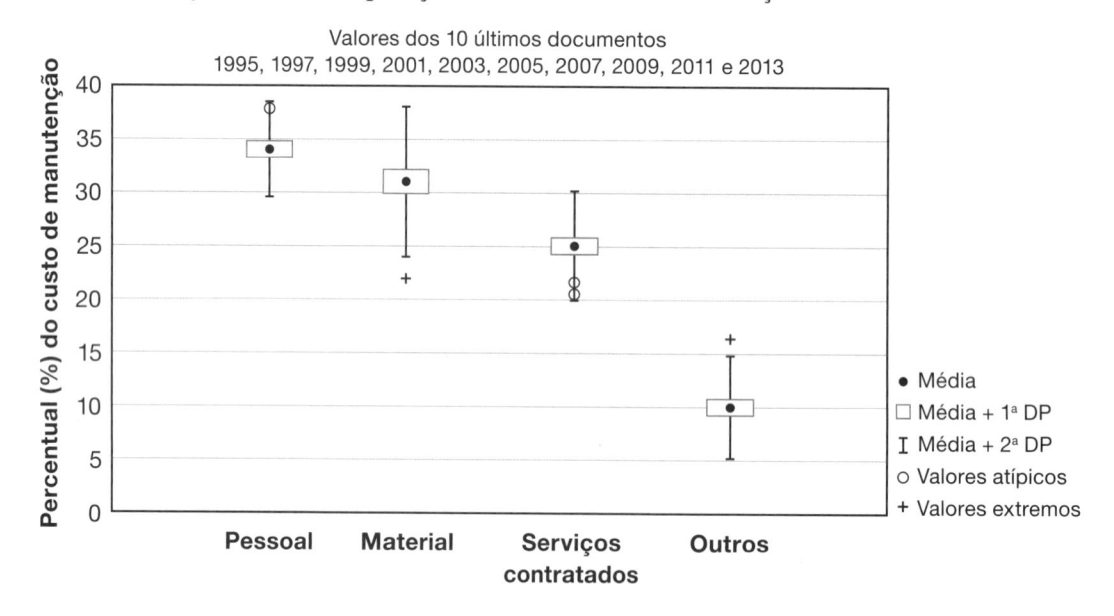

Fonte: Abraman, 2013, p. 12.

Podemos perceber que o resultado obtido por meio da análise estatística dos dados mostra que o desvio com relação ao material foi na realidade um desvio, em vez da realização de uma tendência.

Uma análise mais próxima indica um crescimento na composição dos custos de pessoal, levando-nos a acreditar que as organizações estão investindo mais em contratação e capacitação.

4.5.1 Indicadores que impactam no custo da manutenção

Um dos indicadores mais relevantes para o setor de manutenção é o indicador que caracteriza a disponibilidade do sistema em operar. De acordo com a Abraman (2013), as organizações em 2013 tiveram disponibilidade de 89,29% de sua planta produtiva. Entretanto, não podemos atribuir a manutenção à indisponibilidade total. Diversos fatores podem impactar na indisponibilidade da planta, entre elas podemos citar o planejamento e controle da produção, os tempos de *setup*.

O **indicador de indisponibilidade em razão da manutenção** para o mesmo período representou 6,15% do tempo. Ao avaliarmos o tempo a partir de 1995, houve um aumento na indisponibilidade em função da realização da manutenção. Alguns dos fatores que podem ter provocado esse acréscimo é a idade do parque de equipamentos; assim, quanto mais velho o equipamento, maior a necessidade de manutenção e, consequentemente, de paradas. De acordo com as pesquisas, o t**empo médio de vida dos equipamentos** no Brasil é de 17 anos e o **tempo médio dos instrumentos e ferramentas** é de 6 anos.

A grande maioria das organizações destina um orçamento para custeio do setor de manutenção com previsões para consumo de recursos de pessoal, material e serviços contratados. Preliminarmente, podemos classificar os custos em *diretos*, representados pelo consumo de recursos de pessoal e de materiais ligados diretamente ao setor de produção e que podem ser representados por:

Custos diretos (Cd):

- **Mão de obra (Cmob)**

    Tempo × taxa horária de mão de obra, em que a taxa horária = salário + encargos legais e sociais.

- **Materiais (Cmat)**

    Custo material + transporte + compras + armazenamento.

- **Gastos gerais dos serviços de manutenção – Custos fixos (Cfix)**

    Custo de estrutura: gerência e pessoal administrativo, aluguéis, amortizações de instalações e equipamentos, seguros, impostos, controle ambiental, comunicações, transportes.

- **Custo de serviços subcontratados (Csub)**

Assim, temos como resultante a seguinte fórmula:

$$Cd = Cmob + Cmat + Cfix + Csub \ (R\$/hora),$$

que representa o custo direto por unidade de tempo de manutenção (hora).

Outros custos podem ser caracterizados como *custos indiretos*, ou seja, aqueles que não incidem diretamente na prestação dos serviços e são consequência de sua realização. Normalmente, são atribuídos a partir de um consumo geral de recursos organizacionais e que combinam outros, tais como custos com o sistema indisponível. Podem ser organizados da seguinte forma:

Custos indiretos (Ci):
- **Mão de obra da produção parada (Cmob-p)**
- **Amortização dos equipamentos (Cam)**
- **Custos de recolocação do processo em funcionamento (Cmov)**
- **Custos das perdas (Cperdas)**: penalidades por atrasos nas entregas, perda de clientes, deterioração da imagem da empresa e custos de qualidade.

Podemos ter como resultante a seguinte fórmula:

$$Ci = Cmob\text{-}p + Cam + Cmov + Cperdas \ (R\$/hora),$$

que representa o custo indireto que pode ser representado por unidade de tempo de manutenção (hora); assim, podemos obter o custo total da manutenção (Ctm) por unidade de tempo (hora), conforme a seguinte fórmula:

$$Ctm = Cd + Ci \ (R\$/hora)$$

Uma forma de calcular a vida econômica de um bem/equipamento é utilizar o cálculo do custo anual equivalente. Esse custo considera, além do valor do bem, sua capacidade de se manter produtivo, além de seu custo de manutenção ao longo do tempo, permitindo que ele seja colocado à disposição a partir do momento em que seu desempenho econômico não seja mais satisfatório.

4.5.2 Características dos estoques na manutenção

Considerando que os materiais destinados à manutenção não são utilizados diretamente na realização do produto, a organização estabelece severas restrições quanto à sua obtenção e estocagem. Assim, as necessidades de materiais devem ser adequadamente planejadas a fim de suprirem a manutenção preditiva (perfeitamente previsível), mas também a manutenção corretiva (imprevisível), indicando se é necessário manter um ativo em estoque, o que refletirá somente custos.

Além dos métodos tradicionais, as empresas estão especializando a manutenção com o objetivo de realizar a melhor estimativa de estocagem de seus materiais, a fim de fazer cada vez menos investimentos. O Gráfico 4.3 apresenta os índices percentuais de estoque em função do custo total de manutenção.

Gráfico 4.3 – Valor do estoque pelo custo total de manutenção

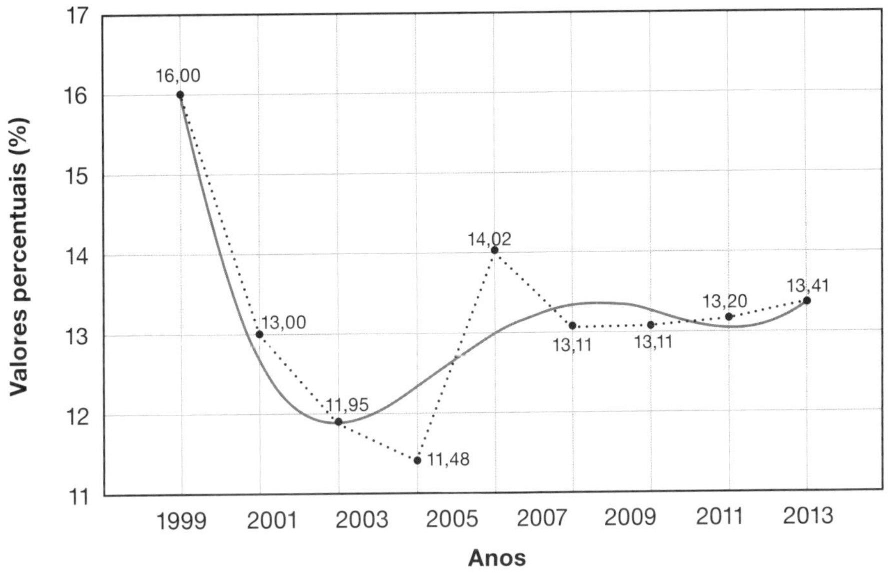

Fonte: Abraman, 2013, p. 19.

Verificamos no gráfico que, ao longo do tempo, o **indicador do custo dos estoques** que reflete valor proporcional de materiais reduziu significativamente, estabilizando-se próximo dos 13%. Novos métodos e formulações, inclusive de inteligência artificial, podem ser utilizados para realizar previsões mais precisas e para ensejar um nível ótimo de estoque para a manutenção.

Finalmente, o índice de rotatividade de estoque reflete o quanto ele é renovado ao longo de um ano. Para o setor de manutenção, o valor médio para o ano de 2013 é de cinco meses, indicando assim baixa rotatividade anual com índice de 2,4 vezes.

■ Síntese

Vimos neste capítulo que três indicadores importantes norteiam o desempenho da produção, os quais são representados pela confiabilidade, disponibilidade e mantenabilidade. Demonstramos que, apesar de a confiabilidade variar, a organização deve conhecer os elementos que causam impacto na produção. Preliminarmente, podemos considerar que as falhas reduzem a confiabilidade; portanto, devem ser controladas por meio do controle das falhas e do tempo consumido para saná-las. Qualidade do controle, materiais inadequados, instalações mal feitas e outros elementos permitem um diagnóstico para a redução. Quanto à disponibilidade, mostramos que é diretamente relacionada ao tratamento de tempo; por isso, fornecemos a forma de calcular não somente o índice de disponibilidade como também o TMEF e o TMPR. Dedicamos um espaço maior para descrever as características da mantenabilidade, que mede o desempenho das ações diante dos reparos efetuados, e os itens mais relevantes, representados pela acessibilidade, modularização, permutabilidade e padronização. Estudamos também as vantagens da mantenabilidade, bem como os passos para a realização de um projeto. Concluímos o capítulo discutindo as medidas de efetividade de equipamentos representada pela relação entre a disponibilidade, a eficiência e a qualidade na produção. Finalmente, apresentamos indicadores relacionados aos custos de manutenção e sua composição.

■ Para saber mais

WORLD CLASS OEE. Disponível em: <http://www.oee.com/world-class-oee.html>. Acesso em: 13 jul. 2015.

Para você se aprofundar mais no tema da efetividade de equipamentos, verifique quais são os padrões dos indicadores para uma empresa de classe mundial. Aproveite para obter diversas ferramentas complementares consultando esse site.

Exercícios resolvidos

1. Embora possamos fazer o cálculo de custo de manutenção avaliando o tempo médio entre os defeitos sucessivos e o tempo médio consumido para execução do reparo, por que utilizamos o método de verificação da disponibilidade?

    Resposta: Porque a disponibilidade permite executar tal avaliação por meio de um único número que apresenta grandes vantagens, principalmente no caso de um produto qualquer utilizado em grandes quantidades.

2. Qual é a definição de mantenabilidade proposta por François Monchy?

    Resposta: Segundo François Monchy, citado por Kardec e Nascif (2013, p. 134), mantenabilidade é a "probabilidade de restabelecer a um sistema suas condições de funcionamento específicas em limites de tempo desejados, quando a manutenção é conseguida nas condições e com meios prescritos", ou seja, é a probabilidade de que um equipamento volte à operacionalidade dentro de um determinado tempo.

3. Em uma situação ideal, um equipamento teria a sua utilização máxima, com eficiência máxima e com a produção de produtos sem defeitos. Entretanto, isso não ocorre em uma situação real na fábrica. Por quê?

    Resposta: Porque o equipamento está sujeito a diversos "problemas", entre eles podemos citar os seguintes: tempo perdido na partida, ajustes, avarias, mudanças de produto, intervalos para almoço e outros, esperas de material, limpezas, trocas de ferramentas e outras.

4. Assinale a seguir a(s) alternativa(s) que **não** corresponde(m) aos motivos para ocorrência de falhas de confiabilidade:
    a. Materiais inadequados.
    b. Procedimentos de uso incorreto.
    c. Altas especificações na fase de teste.
    d. Peças pouco exigidas.
    e. Instalação mal feita.

    Resposta: Alternativas c, d.

5. Assinale na sequência a(s) alternativa(s) que **não** corresponde(m) à obtenção de máxima permutabilidade de peças e unidades em um sistema:
    a. Quando permutabilidade física é uma característica de projeto, é necessário certificar-se de que há também a permutabilidade funcional.
    b. Quando permutabilidade funcional não é desejável, não há necessidade de permutabilidade física.
    c. Facilitação no reaproveitamento de itens e componentes para a manutenção.
    d. Todas as peças ou componentes idênticos devem ser identificados.
    e. Redução na aquisição e estocagem de itens e componentes.

    Resposta: Alternativas c, e.

■ Questões para revisão

1. Quais são as causas da pouca confiabilidade dos equipamentos? Exemplifique.

2. Quais são as seis grandes perdas propostas por Nakajima? Quais são os grupos de origens dessas perdas?

3. Com relação à MPT, que se propõe a atuar nas perdas, relacione a primeira coluna com a segunda, considerando o significado equivalente:

   a. Acessibilidade
   b. Permutabilidade
   c. Padronização
   d. Modularização
   e. Fatores humanos

   ( ) Divisão de um produto em unidades funcionais fisicamente distintas para permitir sua remoção e/ou substituição.
   ( ) Pode ser descrita como a capacidade de tratar a mantenabilidade dentro de suas técnicas.
   ( ) Um aspecto intencional de projeto, em que um item pode ser substituído por outro semelhante e, mesmo assim, atender às funções para as quais foi projetado.
   ( ) Facilidade com a qual um item pode ser alcançado para substituição, serviço ou reparo.
   ( ) Pode ser descrita como a obtenção de uniformidade máxima em projeto de um item.

4. Assinale a seguir a(s) alternativa(s) que **não** corresponde(m) às vantagens da padronização de sistemas, itens e produtos:

   a. A redução de erros de instalação causados por variações nas características de itens ou unidades similares.
   b. O aumento da probabilidade de acidentes resultantes de procedimentos incorretos.
   c. O aumento no uso de peças ou componentes.
   d. A facilitação no reaproveitamento de itens e componentes para a manutenção.
   e. A melhoria na confiabilidade.

5. Assinale na sequência a(s) alternativa(s) que **não** deve(m) ser considerada(s) para o cálculo da efetividade:
   a. Tempo para refeições do operador e pausas obrigatórias.
   b. Tempo programado para manutenção autônoma pelo operador.
   c. Tempo programado para manutenção planejada (preventiva, inspeções, corretiva).
   d. Tempo para formação do operador.
   e. Tempo para paradas temporárias.

■ Questões para reflexão

1. A mantenabilidade pode ser caracterizada pela modularização dos equipamentos. Para uma empresa que tem como diferencial competitivo o processo de transformação, a intensidade com que a modularização deve ser aplicada deve ser alta ou baixa? Por quê?

2. Analise os indicadores de efetividade (disponibilidade, eficiência e qualidade), verificando a possibilidade de que eles ou algum deles possam ter valores maiores do que 1,0 ou 100%. Caso identifique a possibilidade, reflita sobre quais ocorrências podem dar origem a essa situação.

3. Será que todos os produtos têm o comportamento das falhas ocorridas durante o ciclo de vida de acordo com as características do Gráfico 4.1, como apresentado neste capítulo?

4. Será que podemos utilizar a "curva" do Gráfico 4.1 para estabelecer critérios para aumentar ou diminuir o tempo de garantia dos produtos? Justifique sua resposta.

[estudo de caso]

Qualidade nos serviços de manutenção em empresa automotiva

O estudo de caso apresentado a seguir foi adaptado de Guelbert, Correa e Seleme (2005, p. 540-547).

O objetivo

No Brasil, pode-se verificar uma crescente industrialização e competição no mercado nos mais diversos setores. Embora existam problemas econômicos no país, as indústrias continuam em atividade, atendendo à demanda, com oferta geralmente maior que a procura, levando o comprador a escolher como fornecedor aquele que melhor satisfaça suas expectativas com relação ao produto. Os consumidores exigem bens e serviços de melhor qualidade. Vencerão, portanto, a batalha da concorrência aquelas empresas que conseguirem oferecer os melhores produtos e serviços. Por isso, as empresas voltam-se para o fator *qualidade*, o qual exige muitas mudanças. Motivada por esse cenário, a organização a ser estudada neste caso procura promover a estruturação de um sistema de gestão da manutenção, buscando maior qualidade do serviço prestado pelo departamento de manutenção e, consequentemente, do produto fabricado.

Deming (1990, p. 2-6) fala de uma reação em cadeia: quando há melhoria na qualidade, os custos diminuem em razão da redução do retrabalho, ocorrem menos erros, diminuição de atrasos e obstáculos, melhor uso de tempo, máquina e insumos. Em consequência, melhora a produtividade, o que traz a captação de mercados com melhor qualidade e preços menores. Assim se mantêm os negócios e se amplia o mercado de trabalho. Cheng et al. (1995, p. 3) afirma que o gerenciamento da qualidade, no Japão, depois de iniciado pelo controle estatístico da qualidade – ou controle estatístico de processos (CEP), como no estilo norte-americano –, passou para o controle da qualidade no estilo japonês, principalmente ligado à manufatura, culminando com o controle da qualidade aplicado a todos os processos e praticado por todos. Esse processo ficou conhecido como *controle da qualidade total* e envolve três ações gerenciais: **planejar, manter** e **melhorar a qualidade**.

O termo *manutenção* tem origem no vocabulário militar, cujo sentido era o de "manter, nas unidades de combate, o efetivo e o material em um nível constante" (Monchy, 1989, p. 3). Conforme indicação de vários dicionários, *manter* significa "conservar, causar continuidade ou reter o estado atual, prover do que é necessário à subsistência; portanto, pode-se afirmar que *manutenção* significa preservar algo.

O ambiente

A organização deste estudo de caso é uma indústria do segmento automotivo que trabalha com injeção plástica e serviços de pintura em peças automotivas. Após breve observação, pôde-se notar que a área de manutenção, nessa empresa, não estava alcançando resultados eficientes. Não havia o controle de dados, estavam faltando manutenção preventiva e manutenção preditiva, o estoque de peças de reposição era incompatível com o parque fabril e o controle era precário. Os operadores e técnicos não estavam recebendo treinamento adequado; também não havia o necessário fluxo de informações para a realização eficiente do trabalho. Tinha-se pouca confiabilidade nos dados referentes aos históricos dos serviços de manutenção próprios e terceirizados e verificavam-se diversas falhas na estrutura do departamento de manutenção. Havia uma ligação direta entre o serviço de manutenção industrial e importantes índices de produtividade que, no início deste estudo, possuíam patamares distantes da meta estipulada pela diretoria da empresa, conforme relacionados abaixo:

* Cálculo da percentagem de peças boas no início de uma campanha de produção.
** Sigla de *first time quality*.

- Eficiência global dos equipamentos (OEE) = 70% (a meta é 85%)
- Qualidade na primeira vez* (FTQ**) = 62% (a meta é 80%)

Com o advento da Qualidade Total, muitas empresas, na ânsia da inovação trazida por outros países por meio de técnicas ou programas aplicados nas indústrias – controle estatístico de processo, desdobramento da função *qualidade*, métodos de análise e solução de problemas, manutenção produtiva total, entre outros – acabam muitas vezes cometendo erros nas implantações dessas técnicas. Isso ocorre em razão da falta de análise e diagnóstico da situação atual, além da falta de preparação do "terreno" para implantação de qualquer técnica, quer seja no setor de manutenção ou produtivo, quer seja nos setores administrativos. Portanto, é necessário desenvolver etapas para a realização do diagnóstico, como:

- Desenvolver uma pesquisa de satisfação dos principais usuários internos dos serviços de manutenção para identificar os principais itens que apresentem maior potencial para melhorias.
- Aplicar o diagnóstico desenvolvido por Mirshawka e Olmedo (1993, p. 315-336), que tem por objetivo subsidiar a elaboração de um plano de ação.
- Elaborar plano de ação objetivo.

Mirshawka (1991, p. 1) considera como fatores fundamentais para alcançar qualidade a manutenção com "zero defeitos":

- qualidade da mão de obra;
- qualidade do serviço;
- auditoria da qualidade;
- programa de ação corretiva.

Caminho da melhoria 1: Pesquisa de satisfação dos usuários da manutenção

Foi desenvolvida uma pesquisa de satisfação para os principais clientes internos do setor de manutenção. Uma equipe composta de coordenadores e gerente de manutenção elaborou as perguntas, conforme apresentadas no Quadro 1. A pesquisa foi aplicada para 18 pessoas, sendo os principais: supervisores, técnicos de processo e operadores da linha.

Quadro 1 – Perguntas da pesquisa de satisfação

- O tempo de solicitação da manutenção até o atendimento do técnico na máquina é satisfatório?
- A organização e a limpeza do equipamento após execução do serviço atendem às necessidades do usuário?
- O técnico empenha-se em liberar o equipamento o mais rápido possível? São realizados reparos provisórios?
- Qual é a qualidade, nível de conhecimento/habilidade do grupo de especialistas da manutenção?
- O técnico antecipa-se a problemas, ou seja, há proatividade?
- No momento da solicitação de serviço são comentados a prioridade e o prazo de conclusão? É feito *follow-up*?
- O atendimento e os níveis de estoque do almoxarifado de manutenção são adequados?
- Como você considera a estrutura da manutenção em relação ao planejamento e organização dos serviços prestados?

Fonte: Adaptado de Guelbert, Correa e Seleme, 2005, p. 547.

A folha de pesquisa contemplou o turno de trabalho (Administrativo, Turno 1 ou Turno 2) e o setor de atuação (Linha de Pintura Manual, JIT ou Linha de Pintura Automática). Foram selecionadas dez perguntas com respostas em escala quantitativa, sendo notas 1 e 2 para conceito ruim; 3, 4 e 5 para regular; 6, 7 e 8 para conceito bom e 9 e 10 para ótimo. Os resultados foram compilados no gráfico a seguir.

Gráfico 1 – Resultado da pesquisa de reclamações

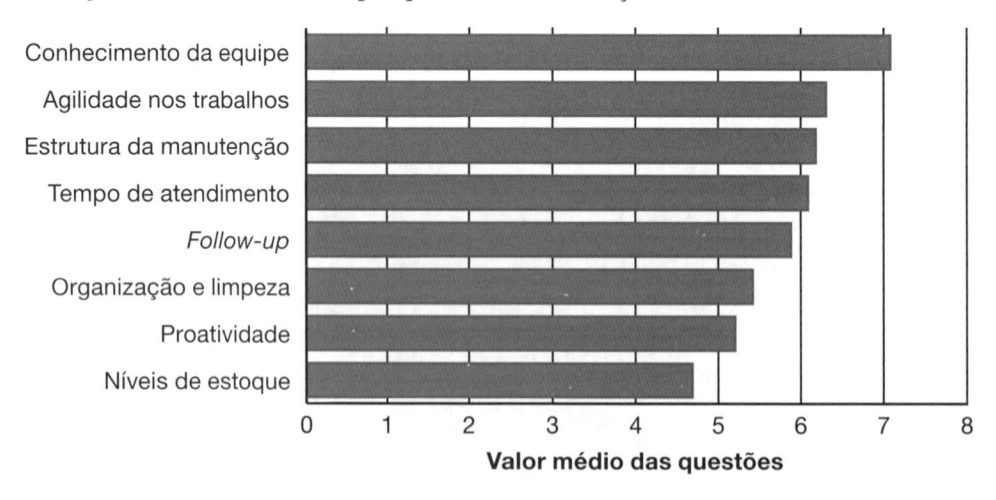

Fonte: Adaptado de Guelbert, Correa e Seleme, 2005, p. 543.

A pesquisa identificou as principais reclamações daqueles que requisitam os serviços de manutenção, auxiliando na elaboração do diagnóstico e plano de ação, visando a melhorias no departamento.

Caminho da melhoria 2: Avaliação do setor de manutenção – classe mundial

O caminho da melhoria 2 é representado pela avaliação do setor de manutenção por meio do método desenvolvido por Mirshawka e Olmedo (1993, p. 315-336), com aplicação de um questionário utilizado na avaliação da organização da manutenção e na sua utilização. Desse modo, verifica-se se a empresa analisada pode ser classificada como sendo de manutenção de classe mundial.

Foram focados oito tópicos da manutenção, cada um com dez questões de múltipla escolha. Todas as questões apresentavam a mesma escala de respostas, em que a primeira (resposta "a", mais adequada) correspondia a quatro pontos, enquanto a última (resposta "e", menos adequada) correspondia a zero ponto. Assim, os valores para cada alternativa podiam assumir a seguinte pontuação: a = 4; b = 3; c = 2; d = 1; e = 0. Os tópicos abordados na pesquisa referiam-se a:

- aspectos organizacionais da manutenção;
- programas de treinamento em manutenção;
- ordens de serviço da manutenção;
- planejamento e programação da manutenção;
- manutenção preventiva;
- compras e estoques de manutenção;
- relatórios gerenciais de manutenção;
- automação na manutenção.

Depois de compiladas as respostas do questionário que avaliou o setor de manutenção da empresa, obteve-se o total de 141 pontos. A escolha das respostas foi obtida por meio de consenso entre gerente, coordenadores e funcionários do setor de manutenção da empresa.

Caminho da melhoria 3: Plano de ação proposto e objetivado

O plano de ação teve por objetivo identificar e listar as ações necessárias para a efetiva melhoria das atividades de manutenção junto à empresa em estudo.

A elaboração e o desenvolvimento dessa etapa do trabalho foram executados pela equipe multifuncional citada.

Baseado nas priorizações da pesquisa de manutenção, no diagnóstico proposto por Mirshawka e Olmedo (1993) e em uma análise histórica dos problemas correlacionados ao departamento, a equipe multifuncional determinou as ações necessárias para alavancar resultados positivos para o setor de manutenção. A próxima etapa envolveu o preenchimento da matriz que correlaciona as principais deficiências do setor com as ações identificadas pela equipe.

Uma vez identificadas as ações necessárias, foi desenvolvida pela equipe de manutenção uma matriz de correlação relacionando as deficiências e as ações propostas, conforme apresentado na tabela a seguir. O objetivo dessa matriz foi avaliar a pertinência das ações propostas.

Tabela 1 – Matriz de correlação deficiências versus ações propostas

	Ações / Deficiências	Plano de treinamento	Matriz de responsabilidade	Implantação de novo *software*	Reunião semanal/ mensal	Plano de ação almox.
Histórico	Preenchimento de ordens de serviço	9	3		3	
	Controle de parada dos equipamentos	3	3	9	3	
	Emissão automática de ordens de serviço de manutenção preventiva			3	9	
	Controle de peças dos equipamentos		3		3	9
	Definição de reuniões mensais e semanais		3	3	9	

(continua)

(Tabela 1 – conclusão)

Deficiências	Ações	Plano de treinamento	Matriz de responsabilidade	Implantação de novo *software*	Reunião semanal/ mensal	Plano de ação almox.
Pesquisa	Atendimento e níveis de estoque do almoxarifado de manutenção são adequados?		3		3	9
	O técnico antecipa-se a problemas, ou seja, apresenta proatividade?	9			6	
	Organização e limpeza do equipamento após a execução do serviço são adequadas?	9	6		3	
	Na solicitação de serviço é comum a prioridade e prazo de conserto? Há *follow-up*?	6	3	6	3	
Avaliação	Programas de treinamento em manutenção	9	3		3	
	Planejamento e programação em manutenção	3	6	9	9	3
	Manutonção preventiva	3	3	9	3	6
	Compras e estoque de manutenção	6	3	6	3	9
Fatores de correção	TOTAL	5,7	42	51	51	36
	Tempo necessário para implantação	1,0	1,5	1,0	2,0	1,0
	Custos de implantação	1,5	2	1	2	1,5
	Priorização das ações	70	73	51	102	44

Fonte: Adaptado de Guelbert, Correa e Seleme, 2005, p. 545.

Para o preenchimento da matriz foram inseridas as deficiências nas linhas, as ações nas colunas e, na intersecção entre estas, os números que indicam a intensidade da correlação entre a ação proposta e a deficiência. O não preenchimento no espaço da intersecção indica a inexistência de correlação; o valor 3 indica uma correlação fraca; 6 indica correlação média; e 9 indica uma correlação forte entre a ação e a respectiva deficiência.

Na parte inferior da matriz, foram inseridos fatores de correção, pois a equipe de manutenção responsável pelo preenchimento considerou importante verificar fatores associados ao custo e tempo de implantação, priorizando assim as ações mais baratas e de menor tempo para implantação, respectivamente.

O tempo necessário para implantação da ação considerado baixo ou imediato corresponde ao fator 2, atribuído à ação "reunião semanal/mensal" (até três meses). O tempo médio de implantação (fator 1,5) é atribuído à ação "matriz de responsabilidade", devido ao tempo estimado necessário de três a seis meses para obter resultado. O fator 1 é atribuído aos outros três itens, sendo o *software* de manutenção considerado também nessa classe, em razão de o resultado esperado surgir acima de seis meses após o início de sua implantação.

O custo de implantação para cada uma das ações necessárias estimadas por meio de cotações recebeu nota 1 para um alto custo, que representa um desembolso inicial acima de R$ 10.000,00. Nessa classe, foi atribuída apenas a ação "implantação de novo *software*".

O fator 1,5 é para médio custo, considerando o desembolso entre R$ 1.000,00 e R$ 9.999,00. Nessa classe foram atribuídos os fatores "plano de ação do almoxarifado" e "plano de treinamento". O plano de treinamento, apesar de apresentar um custo total maior do que o encontrado nessa faixa, foi enquadrado nessa classe em razão da disponibilidade de investimento pela empresa no primeiro ano de implantação das ações.

O fator 2 foi utilizado para as ações "matriz de responsabilidade" e "reunião semanal/mensal", pois a equipe de manutenção responsável pelo estudo considera, para essas ações, baixo custo de implantação valores inferiores a R$ 999,00. O resultado da priorização é apresentado no gráfico a seguir.

Gráfico 2 – Priorização das ações

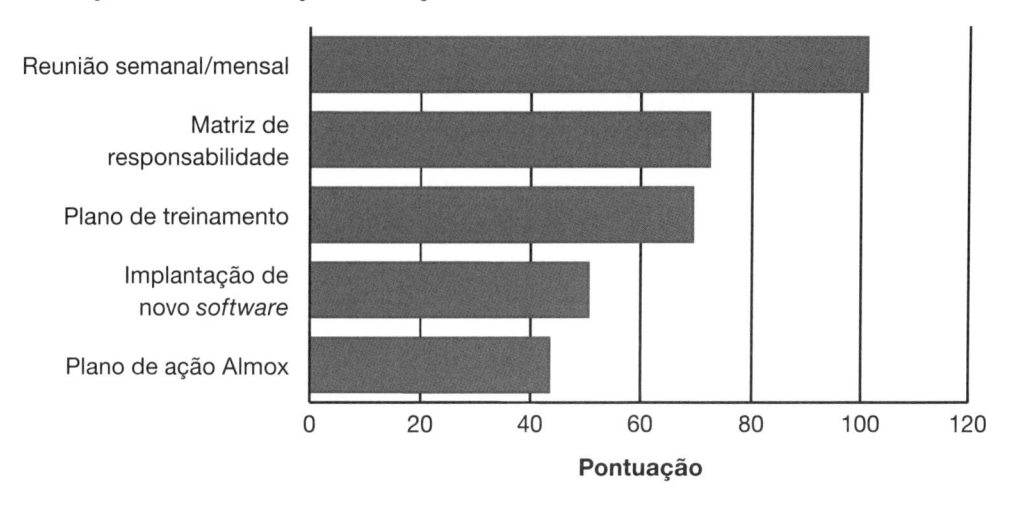

- Reunião semanal/mensal: ~100
- Matriz de responsabilidade: ~72
- Plano de treinamento: ~70
- Implantação de novo *software*: ~50
- Plano de ação Almox: ~45

Pontuação

Fonte: Adaptado de Guelbert, Correa e Seleme, 2005, p. 545.

Para o cálculo das ações foi utilizada a soma das correlações, multiplicada pela raiz quadrada do tempo necessário para a implantação e pela raiz quadrada dos custos de implantação:

$$\text{Priorização das ações} = \Sigma \text{ da ação} \cdot \sqrt{\text{tempo de implantação}} \cdot \sqrt{\text{custo de implantação}}$$

Após o estudo da matriz de correlação, a equipe decidiu implementar todas as ações propostas. Uma vez que o número dessas ações é relativamente pequeno, a equipe tem condições para implementar aquelas que estão correlacionadas às deficiências diagnosticadas.

Os resultados apresentados após a utilização do modelo proposto em período de análise de seis meses foram a melhoria por meio dos indicadores de OEE e FTQ que, apresentados anteriormente, tinham os resultados de OEE = 70% e FTQ = 62%, passando para OEE = 74% e FTQ = 65%, sendo a manutenção responsável pela melhoria de 0,5 e 1 ponto percentual respectivamente, em razão da diminuição de quebras e paradas de linha.

▪ Perguntas sobre o estudo de caso

A seguir constam questões a respeito dos pontos mais relevantes do estudo de caso trabalhado. O objetivo é estimular você a desenvolver soluções a partir de sua própria reflexão e do conhecimento adquirido neste livro.

1. A utilização das ferramentas de diagnóstico utilizadas e a pesquisa de satisfação dos usuários de manutenção combinada com o método desenvolvido por Mirshawka e Olmedo (1993) foram adequadas? Justifique sua resposta.

2. Qual foi o critério de custos utilizado para a realização da priorização na matriz de correlação? Você acredita que se tivéssemos que valorar a mesma situação, nesta data, os dados obtidos nos resultados seriam próximos?

3. Como você caracterizaria os próximos caminhos para a melhoria uma vez completados o caminho 1, 2 e 3?

4. Analise as metas atingidas pelo setor de manutenção relativas à melhoria dos indicadores de OEE e FTQ. Você acredita que os índices estão satisfatórios? Confronte com uma pesquisa realizada por você e os valores apresentados no caso.

5. Quais são os custos que você acredita que deveriam ser computados na avaliação dos itens "Programas de treinamento em manutenção" e "Compras e estoques de manutenção"? Justifique sua resposta.

▪ Sugestões de respostas

1. Sim, pois permitiram realizar um diagnóstico preciso das necessidades de manutenção da organização por aqueles que são especialistas no assunto.

2. O critério de custos foi a utilização de fatores que variaram de 1 a 2, relacionando-se com um volume de valor específico para a época.

    Sim, pois o critério para a classificação dos custos é linear, não permitindo nenhuma outra inferência sobre o assunto.

3. Seria a realização da continuidade das ações e consequente comparação dos resultados de produtividade mencionados com as ações tomadas pelo departamento de manutenção, para validação do modelo e resultados esperados.

4. Resposta pessoal.

5. Resposta pessoal.

■ Referências complementares do estudo de caso

CHENG, L. C. et al. **QFD**: planejamento da qualidade. Belo Horizonte: Ed. da UFMG, 1995.

DEMING, W. E. **Qualidade**: a revolução da administração. Tradução de Clave Comunicações. Rio de Janeiro: Marques-Saraiva, 1990.

GUELBERT, M. **Estruturação de um sistema de gestão de manutenção em uma empresa do segmento automotivo**. 143 f. Dissertação (Mestrado em Engenharia de Produção) – Universidade Federal do Rio Grande do Sul, Porto Alegre, 2004. Disponível em: <http://www.producao.ufrgs.br/arquivos/publicacoes/marcelo_guelbert.pdf>. Acesso em: 28 jun. 2015.

MIRSHAWKA, V. **Manutenção preditiva**: caminho para zero defeitos. São Paulo: McGraw-Hill, 1991.

MIRSHAWKA, V.; OLMEDO, N. L. **Manutenção**: combate aos custos da não eficácia – a vez do Brasil. São Paulo: McGraw-Hill, 1993.

[para concluir...]

Este livro teve a finalidade de proporcionar a você uma visão geral da manutenção industrial com conceitos fundamentais que norteiam os setores nas organizações. Estas, por sua vez, não podem prescindir de elaborar e definir o modelo organizacional para o seu projeto de manutenção. Não devemos esquecer que o setor é o primeiro de apoio às atividades regulares de um sistema produtivo.

O texto apresenta as características das diretrizes gerais consideradas para que o leitor reconheça a necessidade de estabelecer diretrizes consistentes com as atividades organizacionais necessárias. O capítulo introdutório fornece as bases conceituais para a compreensão do conteúdo, reservando ao segundo e ao terceiro capítulos, respectivamente, as técnicas de utilização e as ferramentas que dão suporte aos conceitos e às técnicas e, ao quarto capítulo, o estudo dos indicadores para a verificação do desempenho.

A manutenção é dependente de estratégias produtivas, de recursos organizacionais e de capacidades técnicas existentes no mercado. Deve, portanto, estabelecer suas estratégias com base no critério essencial de manter os sistemas em funcionamento, potencializando os recursos existentes.

Cada vez mais os componentes industriais contêm níveis crescentes de complexidade, com novos equipamentos tecnológicos que não necessariamente são de domínio do profissional da manutenção. Particularmente, uma das recomendações a serem feitas é que os profissionais da manutenção busquem capacitação por todos os meios disponíveis, seja com a ajuda da organização, seja por opção pessoal.

O profissional da manutenção deve, em função desses novos equipamentos, sistemas e módulos, tornar-se um profissional multifuncional, aumentando assim sua competência técnica para oferecer à organização o conhecimento adquirido como um diferencial competitivo pessoal. Essa competência pode até mesmo possibilitar a abertura de organizações terceirizadas voltadas à realização de manutenção. Quanto à capacitação, as pesquisas mostram que mais de 60% do contingente de pessoal da manutenção nas organizações tem qualificação na área.

A evolução dos equipamentos criou uma tendência nas empresas por produtos modularizados. Foram identificadas no livro as vantagens e desvantagens de se adotar essa postura. No entanto, é sensível o crescimento dos gastos de manutenção com esse tipo de material, muitas vezes com tecnologia protegida, impedindo assim a ação da manutenção e criando a dependência em função dos equipamentos/produtos modularizados.

Nos últimos anos, a manutenção passou a se utilizar de ferramentas, métodos e técnicas de planejamento e controle de suas atividades com os métodos apresentados neste livro e que representam aproximadamente 75% das necessidades exigidas e utilizadas pelas organizações para suportar seus processos de apoio à produção. Destacaram-se entre eles os cinco sensos (5S), a análise do modo e efeito da falha (FMEA) e a manutenção centrada na confiabilidade (MCC), de forma mais gradual.

Além da melhoria nas técnicas de gestão, as organizações passaram a se utilizar melhor das bases estatísticas para fundamentar quantitativamente as decisões propostas pelo setor de manutenção. Essa tendência permitirá que as organizações tenham maior segurança na escolha de suas estratégias e procedimentos operacionais.

O parque de equipamentos no Brasil ainda é muito antigo, com tempo médio de 15 anos; entretanto, os equipamentos destinados à manutenção para calibração e execução de suas atividades tiveram nos últimos anos seu tempo reduzido em 1/3, denotando uma preocupação das organizações com os processos de manutenção.

É importante lembrarmos que as organizações buscam o aumento da produtividade para se manter competitivas, e o setor de manutenção desempenha um papel fundamental nesse quesito. Não podemos esquecer que a alta qualidade do produto somente pode ser atingida se esse item passar, obrigatoriamente, por equipamentos bem regulados, calibrados, ajustados, que estejam disponíveis para a produção, tenham confiabilidade e possam produzir dentro dos padrões exigidos.

[referências]

ABNT – Associação Brasileira de Normas Técnicas. **NBR ISO 55000**: gestão de ativos – Visão geral, princípios e terminologia. Rio de Janeiro: ABNT, 2014.

_____. **NBR ISO 5462**: confiabilidade e mantenabilidade. Rio de Janeiro, 1994. Disponível em: <https://pt.scribd.com/doc/55584329/NBR-5462-TB-116-Confiabilidade-e-Mantenabilidade>. Acesso em: 23 out. 2015.

ABRAMAN – Associação Brasileira de Manutenção e Gestão de Ativos. **Documento Nacional 2011**: a situação da manutenção no Brasil. Disponível em: <http://www.abraman.org.br/Arquivos/7/7.pdf>. Acesso em: 28 jun. 2015.

_____. **Documento Nacional 2013**: a situação da manutenção no Brasil. Disponível em: <http://www.abraman.org.br/Arquivos/403/403.pdf>. Acesso em: 28 jun. 2015.

BORMIO, M. R. **Manutenção produtiva total (TPM)**. Bauru, 2000. Apostila da disciplina "Manutenção produtiva total", do curso de especialização em Engenharia de Produção, da Faculdade de Engenharia (FE/Unesp) de Bauru. Disponível em: <http://wwwp.feb.unesp.br/jcandido/manutencao/tpm.pdf>. Acesso em: 25 jun. 2015.

CHENG, L. C. et. al. **QFD**: planejamento da qualidade. Belo Horizonte: Ed. da UFMG,1995.

CHENG, L. C.; MELO FILHO, L. D. R. **QFD**: desdobramento da função qualidade na gestão de desenvolvimento de produtos. São Paulo: Blucher, 2007.

DEMING, W. E. **Qualidade**: a revolução da administração. Tradução de Clave Comunicações. Rio de Janeiro: Marques-Saraiva, 1990.

DHILLON, B. S. **Engineering Maintenance a Modern Approach**. London: CRC Press; New York: Boca Raton, 2002.

FOGLIATTO, F. S.; RIBEIRO, J. L. D. **Confiabilidade e manutenção industrial.** Rio de Janeiro: Elsevier, 2009.

GUELBERT, M. **Estruturação de um sistema de gestão de manutenção em uma empresa do segmento automotivo**. 143 f. Dissertação (Mestrado em Engenharia de Produção) – Universidade Federal do Rio Grande do Sul, Porto Alegre, 2004. Disponível em: <http://wwwproducao.ufrgs.br/arquivos/publicacoes/marcelo_guelbert.pdf>. Acesso em: 28 jun. 2015.

GUELBERT, M.; CORREA, V.; SELEME, R. Qualidade nos serviços de manutenção em empresa automotiva, proposta de diagnóstico e ações necessárias. In: ENEGEP – ENCONTRO NACIONAL DE ENGENHARIA DE PRODUÇÃO, 25., 2005, Porto Alegre. **Anais...** Porto Alegre: Abepro, 2005. p. 540-547.

IBGE – Instituto Brasileiro de Geografia e Estatística. Em 2013, PIB cresce 2,3% e totaliza R$ 4,84 trilhões. **IBGE**, Sala de Imprensa. 27 fev. 2014. Disponível em: <http://saladeimprensa.ibge.gov.br/noticias.html?view=noticia&id=1&idnoticia=2591&busca=1&t=2013-pib-cresce-2-3-totaliza-r-4-84-trilhoes>. Acesso em: 28 jun. 2014.

ISHIKAWA, K. **Guide to Quality Control**. Tokyo: JUSE, 1968.

KARDEC, A.; NASCIF, J. **Manutenção**: função estratégica. 4. ed. Rio de Janeiro: Qualitymark, 2013.

MARTINS, P. G.; LAUGENI, F. P. **Administração da produção**. São Paulo: Saraiva, 2005.

MCKENNA, T.; OLIVERSON, R. **Glossary of Reliability and Maintenance Terms**. Houston, Texas: Gulf Publishing Co., 1997.

MICHAELIS. **Moderno dicionário da língua portuguesa**. São Paulo: Reader's Digest; Melhoramentos, 2000. v. 2.

MIRSHAWKA, V. **Manutenção preditiva**: caminho para zero defeitos. São Paulo: McGraw-Hill, 1991.

MIRSHAWKA, V.; OLMEDO, N. L. **Manutenção**: combate aos custos da não eficácia – a vez do Brasil. São Paulo: McGraw-Hill, 1993.

MOBLEY, R. K. **An Introduction to Predictive Maintenance**. 2. ed. New York: Elsevier Science, 2002.

MONCHY, F. **A função manutenção**: formação para a gerência da manutenção industrial. São Paulo: Ebras/Durbam, 1989.

MONTGOMERY, D. C. **Introdução ao controle estatístico da qualidade**. Rio de Janeiro: LTC, 2004.

NAKAJIMA, S. **Introduction to TPM**: Total Productive Maintenance. Cambridge: Productivity Press, 1988.

_____. **TPM Development Program**: Implementing Total Productive Maintenance. Cambridge: Productivity Press, 1989.

NEPOMUCENO, L. X. **Técnicas de manutenção preditiva**. São Paulo: Blucher, 1989. v. 1.

NOWLAN, F. S.; HEAP, H. F. **Reliability-Centered Maintenance**. San Francisco, California: United Airlines, 1978. Disponível em: <http://reliabilityweb.com/ee-assets/my-uploads/docs/2010/Reliability_Centered_Maintenance_by_Nowlan_and_Heap.pdf>. Acesso em: 28 jun. 2015.

PEREIRA, R. M. C. **Análise e desenvolvimento de sistema de gestão da manutenção industrial**. 117 f. Dissertação (Mestrado Integrado em Engenharia Eletrotécnica e de Computadores) – Faculdade de Engenharia da Universidade do Porto, Portugal, 2013.

PICKNELL, J.; STEEL, K. A. Using a CMMS to Support RCM. **Maintenance Technology**, Barrington, p. 110-117, Oct. 1997. Disponível em: <http://www.maintenancetechnology.com/1997/10/using-a-cmms-to-support-rcm/>. Acesso em: 28 jun. 2015.

ROTONDARO, R. G. SFMEA: análise do efeito e modo da falha em serviços – aplicando técnicas de prevenção na melhoria de serviços. **Revista Produção**, Santa Catarina, v. 12, n. 2, p. 54-62, 2002.

SEIXAS, E. de S. **Manutenção centrada na confiabilidade**: estabelecendo a política de manutenção com base nos mecanismos de falha dos equipamentos. São Paulo: Reliasoft Brasil, 2015. Disponível em: <http://107.21.65.169/content/ABAAAA648AH/manutencao-centrada-na-confiabilidade>. Acesso em: 28 jun. 2015.

SELEME, R.; PAULA, A. de. **Projeto de produto**: desenvolvimento e gestão de bens, serviços e marcas. Curitiba: Ibpex, 2006.

SILVA, J. P. A. R. da. **OEE**: a forma de medir a eficácia dos equipamentos. Disponível em: <http://pt.slideshare.net/renataam/a-forma-de-medir-a-eficacia-dos-equipamentos>. Acesso em: 28 jun. 2015.

SLACK, N.; CHAMBERS, S.; JOHNSTON, R. **Administração da produção**. São Paulo: Atlas, 2002.

SLACK, N. et al. **Gerenciamento de operações e de processos**. Porto Alegre: Bookman, 2008.

TAKAHASHI, Y.; OSADA, T. **TPM/MPT**: manutenção produtiva total. São Paulo: Instituto Iman, 1993.

UNITED STATE OF AMERICA. Department of Defense. **MIL–P–1629A**: Procedures for Performing a Failure Mode, Effects and Criticality Analysis. Washington D.C., 1949. Disponível em: <http://www.fmeainfocentre.com/handbooks/milstd1629.pdf>. Acesso em: 23 out. 2015.

WORLD CLASS OEE – Overall Equipment Effectiveness. Disponível em: <http://www.oee.com/world-class-oee.html>. Acesso em: 28 jun. 2015.

[respostas]

Capítulo 1

■ Questões para revisão

1. *Manutenção industrial* é o ato de manter em funcionamento operações industriais. É uma função realizada normalmente em circunstâncias adversas e de estresse, tendo como seu principal objetivo restaurar no menor tempo possível o estado de disponibilidade exigido do equipamento. A engenharia de manutenção se caracteriza por ser uma função analítica, planejada e metódica. De forma simples, poderíamos dizer que a engenharia representa os procedimentos de planejamento, enquanto a manutenção representa os procedimentos de operação.

2. 1) Melhoria da confiabilidade em processos e produtos; 2) melhoria de segurança operacional; 3) aumento de qualidade; 4) redução de custo de operação; 5) maior tempo de vida útil dos equipamentos; 6) valorização dos equipamentos e instalações.

3. d

4. c, d, e, a, b

5. c, d

Capítulo 2

■ Questões para revisão ─────────────────────

1. A manutenção preventiva pode ser descrita como o cuidado que é realizado pelo pessoal da manutenção em manter equipamentos e instalações em uma condição satisfatória de operação, prevendo inspeções sistemáticas para a detecção e correção de falhas incipientes, antes de sua ocorrência ou do seu desenvolvimento em grande escala. Sua importância está no fato de que, com previsibilidade, a organização pode produzir de forma contínua, com desempenho melhor e redução dos custos de manutenção.

2. Tempo de preparação; tempo de localização de falhas; tempo de obtenção do item de reposição; tempo de correção de falhas; tempo de ajuste e calibração; tempo de liberação.

3. e, d, c, b, a

4. a, c

5. b

Capítulo 3

■ Questões para revisão ─────────────────────

1. As folhas de registro devem preliminarmente ser construídas para atender a uma necessidade específica da manutenção. Partindo dessa constatação, podemos afirmar que são benefícios: o tempo ganho com o registro ordenado dos dados, o tempo ganho com a organização dos dados e formato de análise proposto e o retorno do equipamento ao funcionamento em função da velocidade com que as ações são realizadas.

2. É um processo sistemático utilizado para determinar o que deve ser feito para garantir que as instalações físicas sejam capazes de continuamente cumprir as funções projetadas para sua operação. Foi desenvolvida por Nowlan e Heap (1978) no texto intitulado "Manutenção centrada na confiabilidade".

3. a, d, e, c, b

4. c, d

5. c, d

Capítulo 4

■ Questões para revisão

1. Os fatores que impactam nessa confiabilidade são: qualidade do produto, rentabilidade e flexibilidade, capacidade de produção; já as causas da pouca confiabilidade são: vendas e *marketing*, programação da produção, manutenção, práticas da produção, compras e engenharia da fábrica.

2. As seis grandes perdas são: perdas por quebra/falha de equipamento; perdas por mudança de linha/regulagem (*setup*); perdas por paradas temporárias; perdas por baixa velocidade; perdas por qualidade insatisfatória e retrabalho; perdas por entrada em regime e queda de rendimento (*startup*). Os três grupos originários são: perdas causadas pelas paradas não planejadas; perdas resultantes de o equipamento não funcionar à velocidade/cadência nominal e perdas com a produção de produtos defeituosos.

3. d, e, b, a, c

4. b, c

5. e

[sobre o autor]

Robson Seleme é doutor em Engenharia de Produção pela Universidade Federal de Santa Catarina (UFSC), na área de inteligência organizacional, e mestre pela mesma instituição na área de gestão da qualidade e produtividade. Tem MBA internacional em Finanças pelo Instituto Superior de Pós-Graduação e é graduado em Engenharia Civil pela Universidade de Mogi das Cruzes (UMC/SP) e em Engenharia de Segurança no Trabalho pela Pontifícia Universidade Católica do Paraná (PUC-PR). Atualmente, é docente do mestrado, da especialização e da graduação em Engenharia de Produção da Universidade Federal do Paraná (UFPR) e de outras instituições.

Tem experiência nas áreas de administração e engenharia, com ênfase em consultoria de gestão, implantação de sistemas de informação gerencial e inteligência organizacional, atuando principalmente nos seguintes temas: sistemas de gestão, sistemas financeiros, sistemas de produção, sistemas de planejamento e projetos, transporte, análise logística de bens e serviços e qualidade. Exerceu a função de consultor de empresas na área de planejamento e controle de produção de indústrias e iniciativas públicas, bem como de responsável técnico e gerente comercial na execução de mais de quarenta projetos.

Impressão: Gráfica Exklusiva
Junho/2019